文研馆·大先生

侯仁之画传

唐晓峰
丁　超　编著
侯馥兴

北京大学出版社
PEKING UNIVERSITY PRESS

图书在版编目（CIP）数据

侯仁之画传 / 唐晓峰，丁超，侯馥兴编著. -- 北京：北京大学出版社，2025.2. -- (文研馆·大先生). --ISBN 978-7-301-35976-1

Ⅰ. K825.89-64

中国国家版本馆CIP数据核字第20250113KC号

书　　名	侯仁之画传
	HOURENZHI HUAZHUAN
著作责任者	唐晓峰　丁　超　侯馥兴　编著
责任编辑	王树通
标准书号	ISBN 78-7-301-35976-1
出版发行	北京大学出版社
地　　址	北京市海淀区成府路205号　100871
网　　址	http://www.pup.cn　新浪微博：@北京大学出版社
电子邮箱	编辑部 lk2@pup.cn　总编室 zpup@pup.cn
电　　话	邮购部 010-62752015　发行部 010-62750672
	编辑部 010-62764976
印　刷　者	天津裕同印刷有限公司
经　销　者	新华书店
	650毫米×980毫米　16开本　15印张　198千字
	2025年2月第1版　2025年2月第1次印刷
定　　价	99.00元

未经许可，不得以任何方式复制或抄袭本书之部分或全部内容。
版权所有，侵权必究
举报电话：010-62752024　电子邮箱：fd@pup.cn
图书如有印装质量问题，请与出版部联系，电话：010-62756370

前　言

　　本书以图文兼备的形式，介绍侯仁之先生的学术生平，这是以往所没有过的。正文前，先简述一下侯仁之先生的治学特点与学术成就。

　　侯仁之，中国科学院院士，出生于1911年12月6日，在百岁人生中，亲身经历了中国革命、建设与改革的伟大历程。他将个人追求紧密融入国家发展进程，以饱满的学术热情，穷尽毕生精力，为现代中国的学术事业做出了独特贡献。

　　侯仁之先生是中国现代历史地理学的重要开创者之一，在理论和实践两个方面为中国历史地理学的发展做出了关键性贡献。1950年发表《"中国沿革地理"课程商榷》，1962年发表《历史地理学刍议》，率先在理论上阐明了现代历史地理学的学科性质与研究方法，指出传统沿革地理与现代历史地理学的重要区别，为中国历史地理学的现代转向奠定了理论基础。有学者指出："把古代沿革地理改造更新为科学的历史地理学，并将其纳入近代地理学

的首倡者,是北京大学的侯仁之。"(杨吾扬:《地理学思想简史》,北京:高等教育出版社,1989年)

侯仁之先生在城市历史地理研究中独树一帜,坚持理论联系实际、科学研究为当代生产建设服务的原则,对北京、承德、淄博、邯郸、芜湖等城市开展了卓有成效的历史地理研究工作。特别是在北京城市历史地理的研究中,侯仁之先生根据细致的实地调查和文献考证,从河湖水系和地理环境入手,系统揭示了北京城的起源、形成、发展、城址调整的全过程,以及古代北京城的规划特点,并将城市历史地理学的研究与首都规划建设结合起来,在北京城市规划、旧城改造与保护、水利建设等方面做出了重要贡献。侯仁之先生重视历史地图的编纂,主编了《北京历史地图集》一、二、三集,以地图的形式,直观地反映北京地区的自然环境演变、人类活动空间分布特点、城市起源与变化的历史过程。至此,北京历史地理研究——作为一个学术经典范例,达成了一座丰碑。

从20世纪50年代末开始,侯仁之先生多次深入西北部的宁夏河东沙区、毛乌素沙地、乌兰布和沙漠、河西走廊等地实地考察,对分布于沙漠地带的古代文化遗址开展了系统研究,揭示了历史时期人类活动对当地自然环境的影响过程,开辟了沙漠历史地理研究的新方向,带动了对中国北方干旱、半干旱地带的历史地理研究,同时也为合理发展当地社会经济提供了重要的科学依据。

20世纪80年代以来,环境问题日益成为全球关注的焦点。侯仁之先生率先强调中国历史地理学在环境变迁研究上的重要作用,创办《环境变迁研究》学刊,提出应该将历史地理学的研究时限上溯到全新世的早期,即原始农业萌芽的时期。在研究工作中,他特别强调自然科学与社会科学的结合及多学科的交叉合作。

侯仁之先生是较早着手研究中国古代地理学史的学者,主编了新中国第一部中国地理学史专著《中国古代地理学简史》，建立了中国古代地理学史研究基本的、具有广泛影响的范式。侯仁之先生积极推动中国加入联合国《保护世界文化和自然遗产公约》（Convention Concerning the Protection of the World Cultural and Natural Heritage），为推进中国自然文化遗产的保护与利用做出了重要贡献，被称为"中国申遗第一人"。

构成侯仁之先生学术内容的，还包括诸多地理学科普著述，他的科普作品是在严谨学术研究基础上的深入浅出，文字优美而浅显，字里行间充满着热爱祖国的激情，许多青年读者和学生因此受到强烈的鼓舞和感染。除了个人科普创作，侯仁之先生还为组织集体性科普创作做出了贡献。他不仅担任《中国历史小丛书》编委会编委，还担任《地理小丛书》副主编。1984年1月，鉴于其在地理学科普事业上的杰出贡献，侯仁之先生在中国科普创作协会第二次会员代表大会上与华罗庚、茅以升等17位对繁荣科普创作做出卓越贡献的科学家一起受到表彰。

侯仁之先生的研究成果具有广泛的国际影响，他本人也多次远赴海外作学术交流，是蜚声中外的历史地理学家。1984年被英国利物浦大学授予荣誉科学博士学位，1999年10月被授予何梁何利基金科学与技术成就奖，1999年11月获美国地理学会乔治·戴维森勋章（The George Davidson Medal），2001年10月获美国"国家地理学会研究与探索委员会主席奖"。美国国家地理学会评价他是"中国学术成果最丰厚、最富有激情的地理学家之一"。

侯仁之先生一生追求进步、追求真理，强烈的爱国主义和"经世致用"思想，造就了他独特的人格品质。早在抗日战争期间，侯仁之担任燕京大学学生辅导委员会副主席时，就曾多次协助燕京大学进步学生脱离沦陷区前往解放区和大后方参加抗日救国运动，因此在太平洋战争爆发后，遭日本宪兵队逮捕入狱。抗战胜利后，在留学英国期间，侯仁之先生积极参加进步活动，在中国留学生中产生积极影响。1949年中华人民共和国成立前三天，侯仁之先生毅然回到祖国，并有幸参加了开国大典。

从20世纪50年代到80年代，侯仁之先生曾担任过北京市人民委员会委员、中国人民政治协商会议全国委员会第三届至第七届全国委员会委员、中国地理学会副理事长、中国地理学会历史地理专业委员会主任委员、中国地理学会沙漠分会名誉会长、北京市首都发展战略顾问组顾问、北京市文物古迹保护委员会主任委员、国际地理学会联合会（IGU）及科学历史与哲学国际协会（IUHPS）所属地理学思想史专业工作委员会常任委员等。

侯仁之先生热爱教育事业，他兢兢业业在大学教学科研岗位工作了近70年，硕果累累，桃李芬芳。侯仁之先生乐观、对人真诚，即使在遭遇不幸之中，仍坚守志向、胸存憧憬。晚年，侯仁之先生用"老牛自知黄昏晚，不待扬鞭自奋蹄"的诗句激励自己，从未懈怠。

1944年，侯仁之先生为当时天津工商学院的毕业生写下了一段话："愿诸君有坚定的事业，愿诸君有不拔的士节，愿诸君有光荣的献身。"今天看来，这正是先生一生的完美诠释。

编著者

2024年10月

目　录

侯仁之画传（上） 1
少年时代 2
潞河中学 9
进入燕京大学 13
三位老师 15
"贸然以地理对" 30
毕业留校 35
救亡工作 38
遭日军逮捕 44
流寓津门 49
抗战胜利，重返燕大 57
负笈英伦 59

侯仁之画传

侯仁之画传（中） 73

返回祖国，返回燕大 73
兼任清华大学教授 75
思想改造 80
课程商榷 81
院系调整，进入北大 83
苏联专家 85
课程建设：地理学史 91
科学研究小组 97
理论建设 100
经世致用的学术风格 102
北京历史地理研究 105
北京历史水文系统 107
深入解读北京城 111
开创沙漠历史地理研究的方向 113
琉璃河遗址 116
西方学术论文翻译 118
城市历史地理研究实践的扩展 119

侯仁之画传（下） 125

- 科学的春天 125
- 不忘沙漠研究 128
- 配合城市规划 129
- 北京城古今建设的里程碑 132
- 上宅遗址 135
- 《北京历史地图集》 138
- 历史文化名城保护 143
- 保护卢沟桥 144
- 从莲花池到后门桥 146
- "中国理想都城"的中轴线 150
- 纪念性地标 152
- 出国讲学 156
- 北京城古城砖 157
- 从北京到华盛顿 159
- 重返利物浦，接受荣誉学位 162
- 中国申遗第一人 163
- 燕园情 170

尾　声 182
注　释 185
侯仁之学谱（简本） 200
参考文献 225
后　记 226

侯仁之画传（上）

侯仁之于 1911 年 12 月 6 日生于直隶枣强县萧张镇（今河北省枣强县肖张镇），祖籍是山东省恩县庞庄（今山东省武城县郝王庄镇庞庄村）。1939 年，侯仁之在给恩师顾颉刚的信中是这样介绍自己家乡的："自故城至庞庄（仁之之老家距此约三十五里，中隔运河）之大洼，几乎每年必淹，我家亦有地十八亩在焉。"[1]

父亲侯天成（字佑忱），通县协和书院毕业，后来到萧张镇，在教会学校抡才学校任教。侯仁之自称："我的家庭实在是受西方文化影响的小资产阶级家庭，但又有反抗封建的这一面。"[2] 侯仁之生在萧张镇，"他从来都是把河北枣强视作自己的故乡。"[3] 他的女儿在文章中也说，侯仁之"魂牵梦绕，最是萧张"。这个地区受基督教文化熏陶颇深。1888 年，基督教伦敦会华北区在萧张设立总站。

侯仁之出生时，中国历史上最后一个皇帝刚刚被赶下宝座仅有 55 天，其后又过了 24 天，以孙中山为临时大总统的中华民国才宣

告成立。因此侯仁之常说:"我自己出生在一个'隶属无主'的时代,称得上是一个真正的'自由民'。"⁴

少年时代

侯仁之的出生,为家庭带来了极大的喜悦,因为是母亲的第一个儿子,那时她已将近40岁。父母为他起了个名字:"光临"(学名仁之),即"光明降临到这个家庭"的意思。两年后,又添了一个弟弟,名作"重临"(学名硕之),意思是"光明又一次来临"。

侯家是一个基督教家庭。侯仁之的母亲刘毓兰没有上过学,由外祖父教她读书识字。据柴桑(金涛)的采访记载:

> 侯仁之的母亲刘毓兰是个聪颖过人、思想开朗的女子。这与她从小受到的家庭教育不无关系。侯仁之的外祖父是笃信基督教的虔诚教徒。在对女儿的教育上,他没有按照封建礼教的"三从四德"那一套去束缚女儿的思想,也没有遵从"女子无才便是德"的古训去要求女儿,相反,外祖父把她当作一个男儿,教她读书识字,使她有机会受到教育。这在当时的封建社会,是很不容易的。⁵

侯仁之兄弟在童年和少年时代,在母亲的爱护和特别的教育下,养成喜爱读书、爱惜书籍和勤俭劳动的习惯。母亲十分重视培养孩子们的劳动习惯,教他们在庭院里开辟菜畦,种植西红柿,养蚕。侯仁之深情怀念道:

> 从小时候起,妈妈就引导我和弟弟去劳动,最主要的一件事情就是清扫院子。她从不强迫命令,而是善于引导,把劳动变成游戏,并且鼓舞竞赛。例如她把院子里的两条甬路,

比作当时的津浦铁路和京汉铁路,要我和弟弟各自管一条,负责清扫,看谁扫得好。这样既增加了我们的劳动兴趣,也多少带来一点常识。到现在我还有打扫院子的习惯,除了严寒的冬季外,我总是要在清早起来用大竹扫帚清扫院子。[6]

侯仁之在燕南园扫雪(1998年87岁生日当天)

侯仁之萧张镇故居的"两条甬路"

母亲特别关心孩子们的学习，从开始识字时起，她就教导孩子爱惜书本，不要在上面乱画。到了小学高年级，她订了一份有基督教文化色彩的儿童读物，叫《福幼报》。母亲也常讲一些《圣经》中的故事。侯仁之回忆说：

> 我最感兴趣的却是描写英国医生李文斯敦因传教而深入非洲内地进行探险的故事书。年长之后我有机会去英国留学，还曾特意去访问过李文斯敦的故居。至于在我一生中对于地理考察的兴趣，应该说最初还是来自儿时的课外阅读。[7]

这位李文斯敦，即戴维·利文斯通（David Livingstone，1813—1873），是苏格兰基督教公理会的医学传教士，以在非洲的长期探险闻名于世，号称"非洲之父"。

民国初年庞庄基督教会创办的学校

1918年，侯仁之在本镇入小学，因体弱多病而数次休学。1926年，升入山东德州博文中学，住校。一年后，弟弟硕之也升学到这里。从此，侯仁之离开了童年时代的母爱，开始了独立生活。就在侯仁之初中毕业的时候，母亲不幸病逝。

但母亲一直活在侯仁之的心中,他永远铭记一件事情。"在我迈入中学的时候,她就流露出对我的一种期待说:'等到有那么一天,我能坐在课堂里最后一排位子上来听你讲课,该是多么高兴啊!'可是,还没有等到我能够满足母亲这最初的一点希望时,她就与世长辞了。"[8] 对侯仁之来说,做一名教师,是实现母亲的遗愿。侯仁之从教一生,并成为大家名师,饱含着对母恩的怀念与报答。

侯仁之母亲刘毓兰

1988年"五四"青年节前夕,侯仁之撰文怀念母亲。写作过程中,他多次瞻仰放在身边书柜上的母亲遗像,这是幸存下来的唯一的母亲纪念物。照片中:"母亲穿了一身宽大的衣裙,站在院子里,背后可以看到一条甬路以及弟弟和我用红荆条插起来的篱笆。"[9] 每当凝视母亲的这幅照片,侯仁之就好像又听到了她的声音。

少年侯仁之

自95岁起,侯仁之大多住在北京大学医院的病房中。凡去病房探望他的人都会发现,在他的病床里侧,总摆放着母亲的大幅照片,反映了侯仁之对母亲非比寻常的深情。

侯仁之、侯硕之在母亲墓前（20世纪30年代初）

博文中学是现在德州二中的前身，博文中学和后来的德州二中曾培养出的杰出人才，除侯仁之外，还有著名电影演员项堃。

就读博文中学的侯仁之（后排左2）

博文中学百年校庆校友合影（1986年5月）
（左3. 侯仁之；左2. 项堃）

侯仁之说："我离开童年时代的狭小天地，开始接触到新时代气息，是从课外读物开始的。"在初中一年级时，一个偶然的机会，侯仁之读到了女作家冰心的《超人》。这本新文学作品比起以前的读物来，大不一样，冰心的文字不是以说教而是以描述心灵感受给人以启发和教育。侯仁之形容说："它像一泓清流注入了我儿时生命的小溪，也像一阵清风吹开了我少年时代的心扉……从此我被引进了一个精神生活的新境界。"[10]

随后，另一本新文学作品《山河泪》以剧本的体裁充分反映了青年人对外国侵略者的反抗和斗争，这又使侯仁之深受感动。他在初中二年级时，参加了一次宣传爱国主义和抗拒侵略者的话剧演出，选用的剧本是《山河泪》。

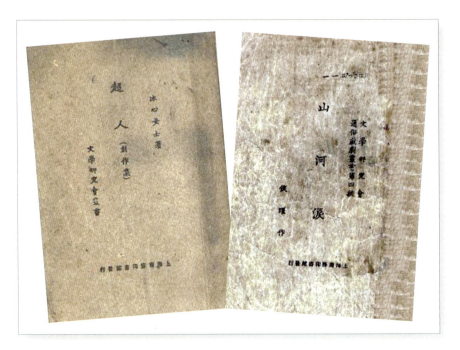

上海商务印书馆出版的《超人》《山河泪》

母亲的早逝使侯仁之第一次感受到人生的痛苦和悲哀，他沉浸在对母亲的无限怀念中。在母亲去世的那个暑假，侯仁之想起了母亲生前讲过的《圣经》中一个爱国青年基甸的故事，于是决心把它用剧本的形式写出来，以寄托对母亲的怀念，题目就叫《基甸救国》，后来发表在齐鲁大学的《鲁铎》杂志。剧中有句名言："被俘虏的一定要得解放，被压迫的一定要得自由。"正是这个剧本的写作，把侯仁之从对母亲的痛苦怀念中解脱出来，并在人生的征途上迈开了独立前进的第一步。

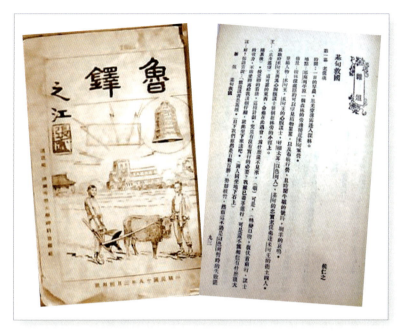

侯仁之创作的剧本《基甸救国》

潞河中学

1931年秋,侯仁之从博文中学转学,进入通县潞河中学学习。入校不久,日本人在东北制造了"九一八"事变。面对日寇的侵略,全国爆发了大规模的抗日活动。那年秋天,同学们掀起了轰轰烈烈的学生运动。但是到了年底,政府仍不提抗日的事情。这种局面令侯仁之"郁闷不堪,莫知适从"。

在这期间,侯仁之去了北京城(当时叫"北平")。他没有坐火车,而是独自步行,从潞河中学一直走到了北京城。侯仁之此番去北京,想购买一份杂志,即上海开明书店出版的《中学生》。开明书店在北京有一个分店,位于杨梅竹斜街。侯仁之买到杂志,回来一路翻看。

在杂志的"贡献给今日的青年"专栏中,有一篇文章,不算长,但写得满腔热情,勉励青年"不要空谈救国",要"到民间去","要把自己的脊梁竖起来,真正去唤醒民众"。此文作者的署名是"顾颉刚"。

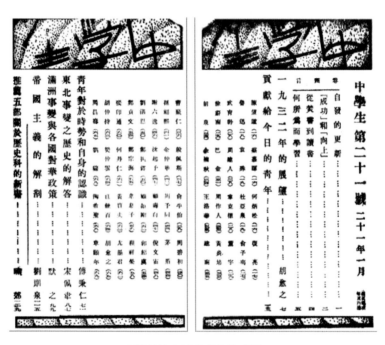

"贡献给今日的青年"书影

在潞河中学读书的短暂日子里侯仁之积极参加体育活动,在春季运动会上获得了3000米冠军。1999年4月,侯仁之去潞园德辰山祭拜老校长陈昌祐的墓地,他谢绝搀扶,称"从这里走出去的人,腿是不能有病的。"

今天,为纪念侯仁之并表彰他为社会所做的贡献,潞河中学将一座新楼命名为"仁之楼"。2005年5月,侯仁之重返潞河,学校送给他一面"学界泰斗,嘉惠莘莘后学;爱校痴心,永驻馨馨校园"的纪念牌。侯仁之则为学校捐建了"仁之书屋"。

　　高中毕业,面临人生将要从事的职业选择。侯仁之在理科班,父亲希望他去学医。父亲曾对侯仁之、侯硕之兄弟俩的性格做过一番比较,说侯仁之"性情随和,待人热情,做事细心,所以我考虑你将来适合做一个医生"。[11] 在就读潞河中学之前,侯仁之一度转学到济南的齐鲁大学附属高中,他说"因为那时有两位远房堂兄正在齐鲁大学医学院就读,父亲希望我将来也能学医"。[12] 但是,此时的国家形势却令侯仁之改变想法,选择了研究历史。

潞河中学"仁之楼"

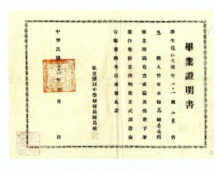
潞河中学毕业证明书

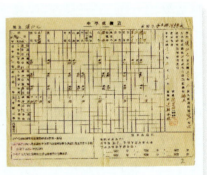
潞河中学成绩表

侯仁之有如下回忆：

> 就是在这时候，校长找我谈话，我向他讲起了自己思想的变化，特别强调了一下顾颉刚文章的影响，出乎意料地竟也得到他的支持。他建议我根据自己高中三个学年的总成绩，可以作为学校的保送生参加燕京大学的特别入学考试，同时还可以提出要申请奖学金。这样我就终于如愿以偿地进入了燕京大学历史系。[13]

促使侯仁之做出"最后抉择"的，是他的弟弟侯硕之。当时在天津读书的弟弟对他说"我主张你学历史。学医只能给个人看病，学历史可以给社会治病"，还给他举了鲁迅、郭沫若弃医从文的例子。于是，侯仁之下决心报考燕京大学历史学系。

在青年时期，侯硕之对侯仁之的影响很深。1937年6月底，侯仁之送弟弟前往上海闸北水电站实习。火车站上的"再见"，竟然成了永别。"卢沟桥事变"爆发后，北平沦陷，清华南迁。侯硕之毕业后，壮志未遂，辗转北上，在陕西凤翔惨遭杀害。侯仁之得知噩耗，日不能食，夜不能眠，痛不欲生。幸亏得到老师洪业的开导，启发他继承侯硕之科普写作的志向，才战胜了"迁延月余的慢性自杀"。

侯仁之始终没有忘怀自己的胞弟，对侯硕之的逝去耿耿于怀。他始终保存着这张送弟弟去上海闸北实习时在火车站拍的合影（1937年6月）

进入燕京大学

1932年夏天，侯仁之参加了燕京大学的特别考试。这个特别考试比正常考试提前进行，仅考国文和英文两门。考试在燕京大学进行。国文考试开始，一位负责命题的女教师在黑板上写下了两篇作文的题目：一篇是语体文（白话文），题目是"雪夜"；另一篇是文言文，题目是"论文学革命与革命文学"。女老师写完题目便离开考场，监考由其他老师负责。

侯仁之后来知道，那位女教师就是冰心。此后，尽管侯仁之没有上过冰心的课,但一直把冰心视为"我师",二人建立了深厚的友谊。

侯仁之、张玮瑛、侯馥兴探望冰心

侯仁之通过了特别考试,获得 4 年奖学金,于 1932 年秋进入燕京大学历史系。1932 年 9 月,燕京大学教务处注册科正式公布本科一年级新生注册人数 194 名,其中男生 132 名,女生 62 名,毕业时为"一九三六班"。后来,侯仁之在《班史》中写道:"我班大一,始于一九三二年九月一日,去'九一八'事变不过一年,去淞沪会战亦止数月。"[14] 从走进燕园的那天开始,他的人生便与这座校园牢固地联系在了一起。

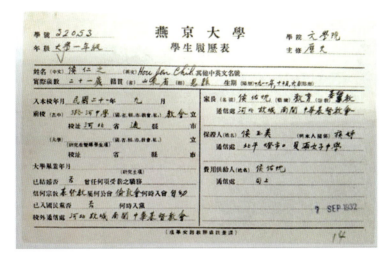

燕京大学学生履历表（1932年）

燕京大学注册表（1932年）

三位老师

在燕京大学历史系，学生人数虽然有限，学术气氛却十分浓厚，这都有赖于教师们教学有方。

燕京大学历史学系部分教员（1931年）

教师之中最有影响的有三位，即洪业（煨莲）、邓之诚（文如）和顾颉刚。三位教授在学术领域里无不自成一家。洪业长于东亚近代史和史学考证。邓之诚博闻强记，兼通文史，这是传统史学界所重视的。顾颉刚不仅在中国古史的研究上独树一帜，又极重视历代疆域沿革以及边疆地理研究，因而见重于时。三位老师在教学上相辅相成。在教课之外，他们又经常在自己家中接待学生，言传身教之间，给学生以熏陶。[15] 侯仁之在三位老师的指导带动下，受到多方面的训练。

在侯仁之入学不久，即1932年10月13日，洪业在穆楼（今外文楼）做了一次题为"燕大校址考"的演讲。其后不久，专著《勺园图录考》出版。侯仁之说：

> 洪业是最先研究燕大校园的历史、研究勺园的。关于勺园，图非常重要，很难得。他在美国的时候，听说燕大买下的这

个地方就是原先的勺园,他很感兴趣,回来以后就研究勺园,结果居然找到《勺园修禊图》。当时只知道有这个图,是明朝万历年间勺园的主人米万钟亲自绘制的,已经有很多年了。可那图到底还存在不存在,他并不知道。当时琉璃厂有个书商真有本事,他居然给找到了,据说被天津一个姓陈的人收藏了。结果燕京大学给买回来了。洪业就通过研究这幅图,写出了《勺园图录考》,就是在我入大学的那一年出版的,中国式的装订,中国式的印刷。我受他的影响很大。[16]

洪业《勺园图录考》(哈佛燕京学社引得编纂处,1933年)

1934年2月,洪业在燕大以"和珅与淑春园——燕大校园历史的一段插话"为题做讲演,继续介绍燕园历史。洪业身体力行地研究燕园,也"激励学生研究他们脚下的这片土地"。[17] 侯仁之从事北京历史地理研究,就是洪业引导的结果。侯仁之认为:"正是煨莲师关于校园历史的研究,引导我进行对于北京西北郊区历史上著名园林区的实地考察,进而又扩大到对整个北京地区开发过程的研究。"[18]

侯仁之与燕京大学附中学生在梁启超墓前留影（1933年）
（居中长者．侯仁之；后排左1. 曹天钦）

侯仁之带领学生再访梁启超墓（2003年）

侯仁之所说的对北京西北郊园林区的考察，很可能在他一年级的下学期就开始了。1933年年初，侯仁之在燕京大学附中兼课。春天，他曾带领学生到西山郊游，拜谒梁启超墓，并留影。

侯仁之在燕京大学附中兼课时的学生有熊秉明、曹天钦、谢希德等。他们后来卓然成家，与侯仁之维持师生友谊达数十年。曹天钦、谢希德后来留学海外，在英国结为伉俪，归国后都成了中国科学院院士（学部委员）。[19]

侯仁之与曹天钦在英国合影（1949年）

熊秉明为侯仁之题赠自己创作并书写的新诗《擦不去的》，称"黑板映在孩子们眼睛里，我在孩子们眼睛里写字。写了又擦去，擦去了又写。写了又擦,擦了又写。有些字是擦不去的么,我在孩子们眼睛里写字"。

侯仁之夫妇与熊秉明合影(1997年)

到了二年级,洪业开始讲"初级史学方法"课程,教学生们如何做考证、写论文。令侯仁之印象深刻的是,洪业"在课堂教授中,除去一般理论与方法论的系统介绍外,特别重视学生的写作实习",要求做到言必有据、资料收集务必详尽、必须有新发现、杜绝剽窃等等[20]。侯仁之清楚地记得:

下一堂课,他来了,一进门就给我们做了个鬼脸,对我们笑。他把那个书包往桌子上一放,开始在黑板上写,一个个题目写了一黑板。1、2、3、4作了分配:历史上最爱藏书的是谁?中国第一个造墨的是谁?……每个学生负责一个题目,为那些历史人物写传。他要求我们自己到图书馆去查阅资料,整理卡片,分析研究,最后写成论文,作为这个学期的学习成绩。布置完了,他问大家:"有问题没有?"没人提问题。他说:"好,下课,自己到图书馆去查。"下次来了就问:"你怎么去查的?什么时候开始查的?走冤枉路了没有?"让我们汇报。他要求每一篇文章必须要用前人没有用过的材料,新材料,从来没人用过的。只有这样,你的文章才能有价值。他盘问得很严格的。厉害呀![21]

当时分配给侯仁之的问题是"历史上最爱藏书的是谁?",他经过查阅图书资料,决定将明代学者胡应麟作为重点研究对象。遇到什么问题,就直接到洪业家里请教。最终,侯仁之按照科学论文的格式完成学期论文《最爱藏书的胡应麟事迹考略》。洪业阅后,给予充分肯定,写了两个字批语"佳甚"。侯仁之说,这是自己"学术训练的第一课"。他十分珍视这篇作业,一直保存。

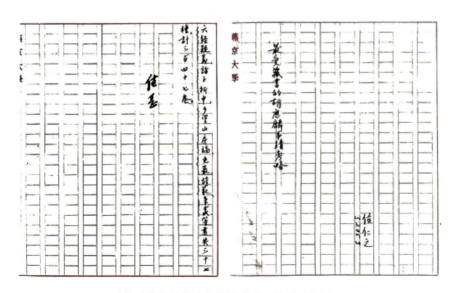

《最爱藏书的胡应麟事迹考略》首页及批语

同样是在二年级,侯仁之选修顾颉刚讲授的"中国古代地理沿革史",期末考试成绩为 E,即优秀(Excellent)。

1934 年 2 月,顾颉刚与谭其骧发起筹办"禹贡学会",并创办《禹贡半月刊》,这是中国学术史上的大事。学会推动了历史地理问题的研究,为中国历史地理学的现代发展打下了坚固的基础。

《禹贡学会会员录》(1935 年)

除了燕南园 54 号洪宅,蒋家胡同 3 号顾颉刚寓所也是侯仁之学术生涯的重要"锚点",他对这所四合院也怀着深厚感情。

2001 年,蒋家胡同要拆改,建设北大新校区。为保存禹贡学会旧址暨顾颉刚故居,侯仁之致信时任北大校长,强调保留"这

2001年侯仁之在顾颉刚故居前

一具有历史文化意义的地点"。校方接受侯仁之的建议,顾颉刚故居异地重建。侯仁之为故址题写了标牌。

侯仁之题写的禹贡学会故址标牌

作为燕京大学二年级的学生,侯仁之加入禹贡学会,成为最早的会员之一,在《禹贡半月刊》上先后发表过 10 余篇文章。史学大家杨向奎评价道:"顾先生办禹贡,当时参加学会的一些是小人物,现在大多成了名家,如谭其骧、侯仁之、史念海等,没有禹贡学会,历史地理的研究不会有现在这个样子。"

侯仁之在禹贡学会中受益良多,"一方面我得到为《禹贡》写稿和译稿的训练,另一方面我还接受了顾颉刚的一项任务,就是为他所主持编绘的《历史地图底本》做校订工作,这是为他计划中的《中国历史地图集》的绘制所做的准备。"[22]

侯仁之与饶宗颐的合影(1998 年),两位都曾是禹贡学会会员

与室内的文字工作相比,侯仁之认为禹贡学会组织的野外考察更重要。他说:"更重要的一件事是 1936 年夏,我刚读完大学本科,就参加了禹贡学会所组织的黄河'后套水利考察团'。这是我参加集体野外考察的第一次,而且分担了一定的组织工作,使我得

到了前所未有的训练。"[23] 参与此次考察的，还有李荣芳、张维华、张玮瑛、蒙思明等人。

侯仁之校订的禹贡学会地图底本

后套水利考察团合影（左1. 侯仁之；右1. 张玮瑛）

侯仁之参加后套水利考察团并分担组织工作，不仅因为他是禹贡学会的早期会员，还因为他的另一个身份——燕京大学

25

历史系的系主任助理。1936年春，顾颉刚即将出任系主任，推荐本科毕业留校的侯仁之做助理，协助处理一些行政事务。同期在校的同学王钟翰说："顾先生在燕大最欣赏的学生侯仁之学兄，大学本科毕业之后，正好碰上顾先生出任历史系主任，仁之兄就被聘为系主任助理，代管系里一切事务，直至顾先生离开燕大。而侯仁之兄竟因此晚了两年才念完研究生，为此做出了很大的牺牲。"[24]

除了协助处理行政事务，侯仁之还是顾颉刚新开课程"古物古迹调查实习"的助教。这件事，是令侯仁之"最怀念难忘的"。据侯仁之回忆：

> 按规定，每两个星期就要利用周末的时间进行一次现场实习，主要是在北平城内和郊外，有时还利用假期较长的时间（如国庆节和春假）有目标地奔赴外地。我的主要任务是每次确定调查目标之后，如某处的古建筑、某处的古园林以及某处的考古发现或古迹古物等，颉刚师就向我提供一些必要的参考资料，再加上我自己搜集所得，先写成一篇简要的介绍书，事前要铅印出来，在出发前发给学生，人手一份，作为到现场调查时的参考。这对我无疑是一个极好的训练。[25]

《故都胜迹辑略》封面

侯仁之编辑的这些参考资

料，1940年汇编铅印成册，并由邓之诚先生定名为《故都胜迹辑略》。

这项工作使侯仁之进一步认识到野外实地考察的重要。他多次徒步跋涉，跑遍了北京大半个郊野。对西郊园林区的考察，现留有1936年广润庙一带考察的照片，那是关于清代的石渠遗迹，这份照片资料弥足珍贵。

侯仁之考察广润庙遗址迤北四王府村边的水渠遗址（1936年秋）

1993年11月3日，侯仁之在与校友王显大（即王惠箴，刘子健夫人）的书信中说："大约是56年前我们同在燕大时，你曾携带照相机一同陪我前往西山脚下，拍摄残废的河道遗迹，其中有一幅是你下到石砌的水池遗址，由我拍照的，和其他几幅幸得保留至今。"

王显大在广润庙遗址留影(1936年秋)

禹贡学会也组织了张家口考察。这次考察,侯仁之的收获甚为丰厚。他写了一篇题为《明代宣大山西三镇马市考》的论文,在《燕京学报》刊登。侯仁之说:"这篇论文是我第一次把一处古代遗址的研究扩大到一个地区的开始,也就是'从点到面'的开始,从而使我进一步认识到历史遗迹应该得到充分重视的意义。"[26]

在利用课余之暇研究明代宣化、大同、山西三镇的马市问题时,侯仁之曾专门求教邓之诚先生有关史料问题,邓之诚"出示他所借阅的相传为万斯同的《明史》列传残稿六册,嘱我详加校阅。因为他认为这六本残稿是否出自万斯同,还是有疑问的……经过研究,证明

邓之诚(1887—1960)

文如师的怀疑是有道理的……可以断定这六本列传残稿,乃是初刻《明史》列传稿的过渡稿本,所有删改字迹都是出自王鸿绪的手笔,因而写成《王鸿绪明史列传残稿》一文,经文如师审定后,刊载于《燕京学报》第 25 期(1938 年)。这一研究对我既是一个极好的训练,更是一次出乎意外的收获"。[27] 邓之诚先生"温文尔雅、循循善诱的情景"令侯仁之永志不忘。

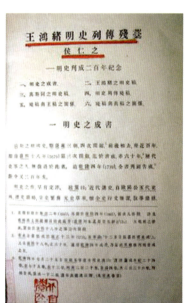

《王鸿绪明史列传残稿》抽印本

燕大历史系组织进行的野外考察并不限于北京地区。1937 年春假,组织了"汴洛古迹古物调查队",前往开封与洛阳实习,侯仁之负责组队,清华大学闻一多、陈梦家和叶公超三位教授也参加了这次活动。5 月 10 日,顾颉刚召集刚刚返回的调查队师生在燕京大学农园联欢,侯仁之在会上介绍了旅途趣闻。关于这次旅程,顾颉刚、石璋如、朱自清在各自的日记中都有记载。

汴洛古迹古物调查队在燕京大学农园合影（1937年）
（后排左2. 闻一多；左3. 陈梦家；前排右2. 侯仁之）

"贸然以地理对"

在三位老师的指导下，侯仁之受到了一次次历史研究的训练，获得多方面的学习成果。不过，在侯仁之的内心，另有一种压抑不住的研究兴趣，这个兴趣属于地理学。对地理的热情是一种天然植下的爱好，它是生活以至学业路途中的另一种驱动力。侯仁之后来进入历史地理学的研究领域，正是受了这一驱动力的推动。

侯仁之说"我爱旅行"。大地，以及面对大地时的快意与追问的欲望，对侯仁之有一种特殊的诱惑力。在幼年时代，家乡——华北大平原——的平坦与辽阔，便在侯仁之心中引发感受：天空"在四周的地平线上画出了一个十分浑圆的圆圈，在我幼小的心灵里，我想我的家乡就是世界的中心了"。刚入小学不久，侯仁之便随高年级同学远足数千米之外，登上一座最高的沙丘。他"第一次在高处看到了我所走过的蜿蜒的道路"。侯仁之还注意到，在沙丘上，"一些高大的果树被埋没得只剩了一些树尖尖"。[28] 这类小小的触动，日后竟发展为一项严肃的环境变迁研究的学术议题。

到了大学，侯仁之的旅行更增强了力度，也更富于主动性、计划性。在二年级的暑假，侯仁之选择了东西横贯华北大平原腹地的一条路线，约300千米，中间包括三处特别吸引侯仁之的地方，一处是古代湖泊的故址，一处是900年前湮没于黄河泛滥泥沙的古城，一处是位于平原中央的古战场。

在这次只身跋涉中，侯仁之的情绪格外高昂。"在我旅途中的第四天，我遇到了一阵阵连续不断的暴雨，但这并没有阻止住我前进的决心……骤急的雨点打在遍地嘉禾上，发出了有如千军万马奔腾的声音，我就趁着这天然的乐曲，引吭高歌，好像为鼓舞自己的前进而奏起了军乐一样。"[29]

这次出游，含有两项要素：一个是侯仁之从来喜爱的大地旅行，另一个是侯仁之生活中新近出现的内容——历史探索。就在老师们以正规的方式指导他苦读历史文献（他也确实为之努力）的时候，侯仁之自己又抓住了另一个方向——走向大地。当然，他并没有抛弃历史，而是将历史与大地、旅行结合到了一起。侯仁之在这样做的时候，可能还没有真正了解有一门学问叫"历史地理学"。这次作为一个大学本科二年级学生的实际上的历史地理考察，显现了侯仁之志趣的个性。

大约与此同时，侯仁之开始自觉地阅读地理书籍。这也是历史系的正规课程里面没有的。在大学三年级的时候，侯仁之在《大公报·史地周刊》发表了《读"房龙世界地理"》一文,这是所知侯仁之最早的一篇直接谈论地理学的文章。他在文中讲了如下一些看法:

> 我们知道就理论上讲,地理与历史是分不开的。历史为地理所解释,地理为历史所诠注。但是,真要拼成一块来写,可的确不是件容易事。
>
> 书中他织入了许多重要史实,把平面的地理,造成了立体的叙述。把人类的活动放在全书第一位,把地理这科的传统性质企图改造起来……这比专门去读一部普通的地文地理对一般读者有益多了。[30]

《读"房龙世界地理"》

房龙的书是一部通俗的地理著作,却对侯仁之产生了较大的影响。他说:"在我的生活历程中,有两部通俗的地理著作,曾经强烈地吸引着我,甚至把我引向一个我始终未能达到的写作境界。其中一部是美国作家房龙的《人类的家乡》,另一部是苏联作家米哈伊洛夫的《在祖国的地图上》。"[31]《人类的家乡》,原版题名 *The Home of Mankind: The Story of the World We Live In*(George G. Harrap,1933),是《房龙地理》(*Van Loon's Geography: The Story of the World We Live In*)的另一个版本。

侯仁之对地理考察、地理书籍、地理问题表现出强烈的学术兴趣,而因为在历史系,于是对历史时期的地理问题自然格外关注,甚至每遇到要研究的历史事件,总会不由得关注这一事件的地理方面。侯仁之对地理问题的浓厚兴趣和主观追求是认真的,也曾直率地表达出来。"民国二十三年秋,余以选择大学本科论文题目,就教于洪煨莲师。质以兴趣之所在,贸然以地理对。"[32]

1936年,侯仁之读到著名美国地理学家葛德石(George Babcock Cressey)的新作《中国地理基础》(*China's Geographic Foundations*)。这本书引起了他的浓厚兴趣,也进一步促使他从历史学转向历史地理学研究。

对于侯仁之的兴趣转变,洪业发现并肯定了这一点。当侯仁之得知洪师的弟弟洪绂从法国留学回来在清华大学教地理时,曾想转学到清华。洪业说:"你不必去清华,让他来给你讲。"[33]

在侯仁之从历史学到历史地理学的转变过程中,洪业的鼓励与帮助是十分关键的。他为侯仁之的长远发

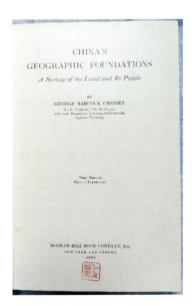

葛德石《中国地理基础》书影

洪业（1893—1980）

展，进行了认真的考虑。侯仁之认为，洪业给他选定的硕士论文题目实际上已经把他引向历史地理的研究领域。但是，洪业并非历史地理学家，未来的学业怎么安排？侯仁之在怀念恩师洪业教授的文章中写道：

我清楚地记得，1938年春天的一个早上，煨莲师忽然打电话要我到燕南园54号他的家中去看他。按习惯我去看煨莲师总是在傍晚或晚间，现在竟然约我在早上去，必有急事。这次煨莲师也不是在客厅里而是在他极少让人进入的他的书房中等待我。我进门后刚一落座，他就突如其来地大声对我说："择校不如投师，投师要投名师。"我当时听了有些茫然，正待发问，他就接着对我说："你应该到外国去专攻地理学。论西方大学，哈佛很有名，但是那里没有地理系。英国的利物浦大学，虽然论名气不如哈佛，但是那里有一位地理学的名师，可以把你带进到地理学的领域里去。"这也就终于决定了我一生深入进行学术研究的道路。[34]

洪业所说的名师就是罗士培（Percy Maude Roxby, 1880—

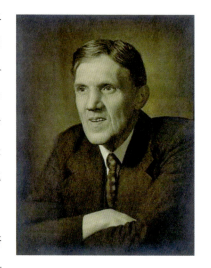

罗士培（1880—1947）

1947）。他曾长期任利物浦大学地理系教授兼主任，关注中国地理研究，曾任英国文化协会驻华首席代表，是一位著名的对华友好人士。

毕业留校

作为本科生，侯仁之在历史系学习4年。在最后选择毕业论文题目时，他认为自己几年来认真阅读过一些有关中国水利史的文献，也写过相关的文章，所以打算做《清康熙朝治河始末》一题。在老师的提醒下，侯仁之经过慎重考虑，最后决定改做一个更为具体的题目，即后来写成毕业论文的《靳辅治河始末》。

侯仁之的学士毕业论文《靳辅治河始末》（1936年）

在阅读文献的过程中，侯仁之发现有一位名叫陈潢的普通人，辅佐靳辅治河，发挥了很大作用，但后来却被诬陷下狱，含冤

毕业照

而死。历史文献中尚缺乏关于陈潢的系统记述。洪业听了这个情况，马上要他以《陈潢治河》为题写一篇专文。文章写好后，洪业将其刊登在自己参与主编的《大公报·史地周刊》上。

1936年夏天，侯仁之本科毕业，获得学士学位，留校工作，同时跟随顾颉刚攻读硕士研究生学位。这一年，顾颉刚被燕京大学聘为历史系主任，他推荐侯仁之为系主任助理。

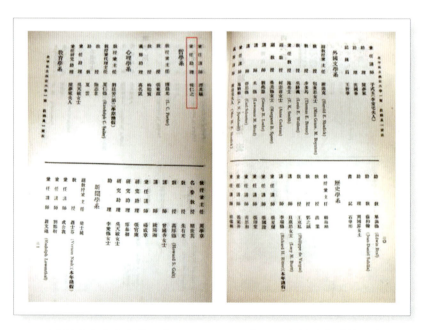

《北平私立燕京大学一览（1936—1937年）》上的历史系教职员

在燕京大学研究生宿舍内

从这一年开始,侯仁之正式成为一名教师,开始了他长达60余年的高校教师生涯。1996年12月,北京大学与北京市科学技术协会、中国科学院地理研究所联合举办"侯仁之院士从教六十周年暨学术思想研讨会",以此表彰侯仁之对教育事业的贡献。

侯仁之院士从教六十周年暨学术思想研讨会(1996年12月)

1937年"卢沟桥事变"爆发后，北平沦陷。顾颉刚教授为躲避日寇追捕，被迫离校出走，侯仁之转为洪业的研究生。三年后，即1940年，侯仁之完成了研究生论文《续〈天下郡国利病书〉山东之部》，并获得硕士学位。

如前所述，按照洪业的建议，侯仁之本应在研究生毕业的当年秋天前往英国利物浦大学继续深造。但是，由于此前一年（1939年）的9月，德国入侵波兰，欧洲爆发战争，形势迅速恶化，侯仁之未能如期成行，只得留在燕京大学。

侯仁之硕士论文首页手稿

救亡工作

2015年6月，为纪念中国人民抗日战争暨世界反法西斯战争胜利70周年，《京华时报》与北京市委党史研究室共同推出系列报道"京华英雄"。侯仁之与聂耳、吉鸿昌、蒋南翔、佟麟阁、赵登禹、何基沣、张克侠、陈垣、李苦禅等70人入选"京华英雄"名单。对于知识分子而言，投笔从戎是抗日，而拒绝敌伪拉拢，像陈垣那样写出微言大义的《通鉴胡注表微》，也是爱国。侯仁之所做的，是"密送学子奔赴根据地"。

早在大学一年级的时候，有一天，侯仁之从图书馆出来，随意漫步，在路边的一处丘岗上看到一座不大的石碑，碑上刻着一行笔迹拙朴的大字："魏士毅女士纪念碑"。魏士毅是"三一八"烈士。1926年3月18日，北京各界群众前往段祺瑞执政府游行请愿，要求拒绝八国通牒。请愿群众遭到残酷镇压，当场死伤200余人，燕京大学女生魏士毅为烈士之一。"三一八惨案"的第二天，司徒雷登便派人设法领回魏士毅的遗体，并举行了由全校师生参加的追悼会。

　　侯仁之被纪念碑的碑文深深打动，直到晚年，他仍能高声背诵那段言辞激昂文字：

　　　　国有巨蠹政不纲，城狐社鼠争跳梁。
　　　　公门喋血歼我良，牺牲小己终取偿。
　　　　北斗无酒南箕扬，民心向背关兴亡。
　　　　愿后死者长毋忘！

魏士毅女士纪念碑铭

侯仁之在魏士毅女士纪念碑旁

　　侯仁之在读书时,看到明末清初著名学者顾炎武的著作中有这样一段话:"感四国之多虞,耻经生之寡术。"意思是:国家正值多难之时,而作为一介书生却束手无策,实在可耻!联想到眼下的国家形势,侯仁之深受刺激,竟至泪下!他把自己的感受讲给洪业。洪业指出,顾炎武"经世致用"的学术指导思想是值得学习和推崇的。[35] 正如顾炎武自己所说:"君子之为学,以明道也,以救世也……"何为"明道"?何为"救世"?还是他说的:"拯斯人于涂炭,为万世开太平,此吾辈之任也。"顾炎武的学识和思想,对侯仁之触动很大。后来,在由他主编的《中国古代地理学简史》中,侯仁之说顾炎武"企图把地理治史用之于改造社会的实践,用之于政治斗争的实践",因而赞扬顾炎武"不是为了著述而著述,为了学问而学问",表彰顾炎武对"侈谈性理崇尚虚浮的学风"的对抗,甚至说这是位"一手握笔一手执剑的"英雄人物。[36]

在20世纪30年代末,虽然日本军队占领了北平,但燕京大学是美国教会创办的学校,美日两国没有开战,校园还能保持相对的平静。为了保护学校,校长司徒雷登悬挂美国国旗,并在校门张贴告示,阻止日军进入校园。

此时,燕京大学原来的学生生活辅导科改为"学生生活辅导委员会"。辅导委员会的委员由燕京大学下属的文、理、法三学院各选派一名教师担任,另设主席、副主席各一名。侯仁之作为青年教师,在燕京大学学习、工作多年,与学生接触广泛,为人正直可靠,被司徒雷登任命为辅导委员会副主席。主席是美籍教授夏仁德,[37]另有陈芳芝、林嘉通、褚圣麟、王钟翰任委员。

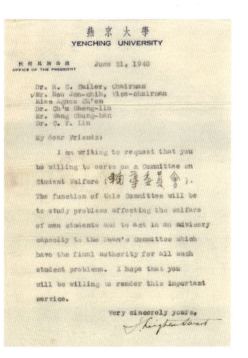

学生生活辅导委员会主席、副主席、委员任命书

燕京大学学生生活辅导委员会成员合影（20 世纪 40 年代）
（前排左 1. 侯仁之；二排居中. 司徒雷登）

学生生活辅导委员会公开的任务，是资助生活困难的学生完成学业，方式是在校园里为学生安排"自助劳动"，如抄写、打字、翻译，协助图书馆、实验室、食堂工作，修剪草坪，打扫卫生等，报酬由学校出。

侯仁之在做这些工作的同时，还进行了另一项特殊的工作，即秘密协助一些有志愿的学生通过各种途径前往解放区或大后方。此事得到司徒雷登的支持，只要有学生为了参加与抗日有关的工作而离校，校方一定给予支持。

据侯仁之回忆，经他负责安排而前往解放区的学生共有三批，去不同的地方。前两批学生是向西，翻山越岭，到妙峰山，萧克的司令部就在那里，八路军部队将为他们安排下一步的行程。第三批学生则是向南，乘火车沿平汉线，到达磁县，再从磁县步行进入太行山区的抗日根据地。

侯仁之的具体做法是：

> 当天晚上临熄灯之前（当时燕大宿舍夜间定时熄灯），我亲自把"信息"当面传达给要走的同学："明天早上八点钟，在学校机器房照例鸣汽笛的时候，准时到达前去颐和园中途的挂甲屯村。在那里就会看到有个农民装束的老乡迎面走来，就可以问他：'老乡，去圆明园怎么走？'如果他回答说：'我们是同路的。'那就证明是带路人。他答完话后就转向路北一条石板道，顺着达园的西墙（现在达园尚在，石板道的石板已被起走），顺着圆明园走去，这时就要隔开一定的距离跟着他，一直进圆明园。"
>
> 当时我只负责传达这一信息，绝不能去现场。据说这样走的学生，先要隐蔽在圆明园的废墟里和一些偏僻的农村，然后沿着行人稀少的小道，翻越西山，直奔妙峰山，也就是平西游击队萧克同志司令部所在地。[38]

去解放区是危险的，有人甚至付出了生命。有位叫吴寿贞的女同学，就因此献出了年轻的生命。侯仁之说，她是"班上的一个恬静而十分用功的学生"，她的形象至今还深深印在脑海中。

侯仁之是仔细认真的人，每送走一批同学，便记下那些学生的名字和简况、离开学校的日期和路线、学校提供的资助等。他认为，这份记录，在胜利的时候，会是一份珍贵纪念。他把这份材料收藏在办公室的抽屉里。

在日军占领下的北平，侯仁之所做的工作是危险的。不用说，侯仁之以公开身份从事的秘密活动，已被敌伪势力察觉。

遭日军逮捕

1941年12月7日，日军偷袭美国珍珠港，太平洋战争爆发。12月8日凌晨，在北平的日军对美国管理的有关机构突然袭击，燕京大学未能幸免，一些师生遭日本宪兵怀疑而被逮捕。此时，侯仁之去天津照料临产的妻子，但也未能避开日寇的搜捕。一同被捕的燕京大学老师还有陆志韦、洪业、张东荪、邓之诚、赵紫宸、赵承信、陈其田、蔡一谔，另有刘子健、陈嘉祥、孙以亮（后改名孙道临，为著名电影表演艺术家）等同学陆续被捕。被逮捕的师生被关押在沙滩北京大学红楼的地下室，当时，这里是侵华日军宪兵队的留置场（拘留所）。

侯仁之后来对北京大学的同学说："我个人不是北大毕业生，可是在旧中国我的学习和人生经历，曾经和北京大学有着一言难尽的关系，这里不必细说。"[39]这个不必细说的关系，就是侯仁之被日寇关押到北京大学红楼之事。1995年5月，政协北京市委文史资料委员会组织参观北京大学红楼地下室。侯仁之重返现场，回忆被日本宪兵关押、拷打的情形，不禁感慨万分，想起了"殷忧启圣，大难兴邦"这句古话。[40]

在被捕人中，侯仁之有一点特殊，他与逃离沦陷区的同学有直接关系。一同在红楼地下室被押的刘子健，与洪业先生半夜里商议，认为最有危险的是侯仁之。刘子健回忆：

《燕京新闻》，曾不顾他人死活，毫不经心地披露南下同学名单。大家又都知道侯先生负责，这是铁证，自己留下的。应当怎样应付呢？听我的宪兵口气，知道他们除此以外，别无所知。最好说是司徒先生自己负责，侯先生是雇员，奉行命令而已。因为日本虽对美宣战，日侨在美甚多不敢怎样！何况司徒先生他们还想利用，决无妨碍。司徒先生抗日事迹甚多，这本也是他主张的事，多加一项，无足轻重！敌人决不会去问的。侯先生在押而尚未被讯，最好先告诉他作一种准备。**41**

于是，刘子健在手纸上写下短信，"监中有已判决暂押的粗人，小兵就派他们扫地。同囚的长髯杜公，乃间谍名手，很会拉拢。乘这人来扫地时，预先教他，他遵命而行，便把这小条当作废纸从我们屋中'扫'到侯先生屋中。下午倒便桶时，从侯先生的点头中，知道信'扫'到了！"侯仁之对这件事的回忆是：

> 在我被关进这宪兵队牢房的第三天一早，有一个打扫楼内过道的人，在打扫到我所住的牢房木栏外面时，忽然把一个小纸团投到了我坐着的地方。我立刻捡起来，打开一看，是关在另一间牢房中的刘子健写的，大意是说他已经过完堂了，和洪业师同押一室。其中有几句话，至今我还牢记，原话是这样写的：在过堂时，"先侦察思想，后侦察行为。务要避实就虚，避重就轻。学生西游之事，似无所闻。"这几句话非常关键。**42**

学生西游，是指送学生去共产党解放区之事，此事日本人尚不知道，这使侯仁之紧张之情稍宽。

在被关押期间，面对日本宪兵的威吓与审讯，侯仁之沉着应对。他避重就轻，着重说自己出身于基督教家庭，信仰基督教以博爱和服务为宗旨的教义。在学生生活辅导委员会的工作，主要是帮助学生解决他们生活上的问题等。最终，日本宪兵未能抓住什么把柄。虽然审讯"过了关"，侯仁之还是被扣上了"以心传心，抗日反日"的罪名。

邓之诚在回忆狱中事时，提到侯仁之赴审之前的一段细节："微闻洪君低声谕侯君曰,如明日赴审,须向问官力陈邓先生家贫体弱,且无罪状,为之解免,予几至坠泪。"在《南冠纪事》中,邓之诚说"洪君立为予至诚祈祷……侯君,予门人,服事尤谨"。邓之诚说的"洪君"即洪业,"侯君"即侯仁之。时代巨变,坚守气节、互敬互爱的诸君,都值得世人尊敬。

后来,关押地点改在日军陆军监狱。侯仁之与社会学家赵承信共居一监室。在此期间,侯仁之为赵承信讲解北平历史地理、黄河变迁、漕运史、平绥铁路沿线地理等专题,赵承信则为侯仁之介绍都市社会学、人口社会学以及人文区位学等专题。二人相约出狱后共同进行北平都市社区研究。

侯仁之在日寇牢笼中的坚贞不屈,燕京大学同人看在眼里,记在心上,写在诗中。洪业把侯仁之与张东荪(燕京大学哲学系教授)、陈其田(法学院院长)、蔡一谔(总务长)、林嘉通(教务长)、赵紫宸(宗教学院院长)并称为"六君子",其《六君子歌》称:"侯生短视独泰然,偏说西牢居处便。毕竟吉人相有天,斯文未丧秦坑边。凄凉往事等云烟,偶一回头忽二年。"[43](短视即近视的意思)。赵紫宸创作了《忆江南(咏侯

洪业题赠侯仁之《六君子歌》(1942年)

仁之）》，称"书生好，元气贯当中，今日颠危经骇浪，当来浩荡有高风，一路大江东"。[44]

当然，对于自己正在进行的学术研究，在狱中的侯仁之更是念念在心。关于北京历史地理的问题，他不断地在心中默默地进行判断、归纳、总结，使之一步步系统化。这些腹稿内容，在侯仁之出狱后，立即"移记纸端，以为后日续作之张本"。

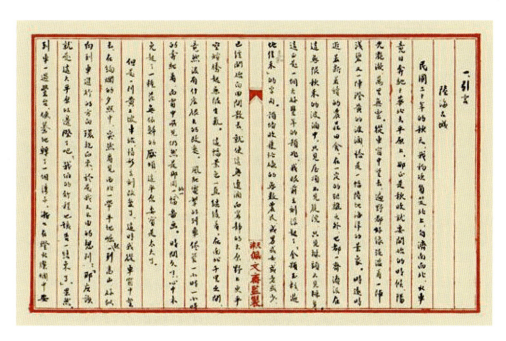

侯仁之出狱后的"狱中腹稿"抄记

1942年1月10日，一些学生被释放，孙以亮在其中。侯仁之与孙以亮经过这一段共同的患难，两人建立了深厚的感情。1987年11月，孙道临致信侯仁之，回忆起：

> 当时窗外朔风怒吼，我们各自只有薄毯一方，睡硬地板，灯极暗。然而夜间谈话带来多少温暖、希望！常记得您谈起夜

读习惯,浓茶一杯,竟夜不倦,且特爱 Ludwig 之书,并拟照 Ludwig 之法,写《黄河传》。雄心壮志,使我产生不尽的幻想、遐思,几乎忘却囹圄之苦……迄今四十余年矣。一生风浪,愈觉纯洁友情之可贵。⁴⁵

这封来信,打开了侯仁之尘封的记忆。信中提到的细节,侯仁之已经忘却。但是,仿照《尼罗河传》为黄河写传记的念头,始终没有放弃。

侯仁之与孙道临的往来书信(1987 年)

走出日寇牢笼,侯仁之在缓刑期间曾考虑过以《黄河故事》为题写本小说,还尝试写了第一篇《沧海桑田》,只是未能继续下去。⁴⁶ 直到 20 世纪 90 年代,侯仁之才主编了《黄河文化》一书。

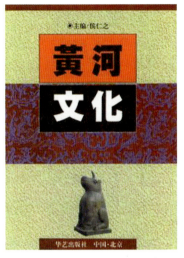
《黄河文化》书影

《黄河文化》序手稿

到第二年（1942）初夏，一些老师（包括洪业、邓之诚）被释放。6月18日，侯仁之以"以心传心，抗日反日"的罪名被判处有期徒刑一年，缓刑三年。在缓刑期间无人身自由，不得迁居旅行，有事外出，须先写出书面报告，说明去向及时间，在缓刑期内必须随传随到，不得有误。出狱后，侯仁之到天津岳父家里借住。岳父对他说："中国人是绝不会屈服在日本侵略者的屠刀之下的。"

流寓津门

那天半夜，我终于回到天津，到家的时候已经很晚了。大门关着，我从门缝里看，一个女仆叫李华，我认识她，天气热，她睡不着觉，在院里散步。我就叫她说："李华，李华，你开开门，是我！"她听出我的声音，又惊又喜，赶紧开门说："三姑爷，三姑爷回来啦！"我爱人在家里排行老三。她说你看楼里边、楼下，灯还亮着呢！那是我爱人住的地方。我就慢慢进

去了，她在蚊帐里都睡着了。那是夏天，六月中旬了，都支蚊帐了。我一看，我爱人躺在那儿，旁边是我的女儿，四个月了，我第一次见到！那么小，那么小……我爱人一下子突然醒了，一把抓住我，问："真的回来了……你真的回来了？"我说："真的，真的回来了！"[47]

从 1942 年 6 月被判缓刑出狱，直到 1945 年 8 月抗战胜利，侯仁之寓居天津，在岳父家中度过了三年时光。在此期间，为避免被拉入日伪政府开设的文化机构，侯仁之到位于天津英租界内的私立达仁学院任教。后因该学院被日伪政府收编立案，侯仁之辞职，又转至法国天主教会创办的天津工商学院任教。在工商学院任教的还有来自燕京大学的齐思和、翁独健等。

正是在天津期间，弟弟侯硕之遇害的消息传来，侯仁之十分悲伤。父亲侯天成饿死于故乡，侯仁之因无行动自由，未能奔丧。侯仁之在一篇《赠〈北平金水河考〉附记》中写道：

> 沦陷期间，流落津门，方脱离日寇监禁，偏遭硕之惨遭非命。噩耗传来，病不能活。终日踉跄街头，茫然无复生意。终以天道启示，愤然而起，以为欲使亡弟精神不死，我当努力自生。卒乃挽极悲极痛极灰之心，重整旧业。每遇不眠，辄以金水河问题，绞我脑汁，偶有解悟，必跃然而起，急笔书之，虽冬夜奇寒不顾也。如是者匝月，终成此稿。寄呈业师指教。复函谓："金水河考已匆匆读过一遍，得见创获累累，胸中为之一快。一年有半以来，此为第一次见猎心喜也。"自是衷心大为鼓舞，力战逆境，欣然向学。并矢志以北平地理之研究，为今后半生之事业。金水河考又不过一发端耳，以与计划中之工作相较，此不过一砖一石之于庄严华丽之殿堂耳，故我尝以金水河考一类工作，为"烧砖凿石

的工作"，砖石既具，而后可兴工于我理想中之殿堂矣。[48]

上述文字，是侯仁之为中学同学沈元骥（祖荫、祖茵）题写的。[49] 后来，沈元骥长居新加坡。1946年，侯仁之赴欧途中，在新加坡稍逗留，老友重逢，遂将携带的《北平金水河考》单印本赠给沈元骥。

此《北平金水河考》，本是侯仁之在燕京大学时开展的研究题目，顾颉刚十分赞赏，但由于侯仁之被日寇逮捕而中断，所搜集的资料及拟定的提纲也被搜去。到天津后，侯仁之重新开始，并完成该文。此篇文稿寄给洪业，洪业十分高兴，回信说"胸中为之一快"，这既是对研究内容的夸奖，也是为在此艰难时期侯仁之的研究精神感到高兴。

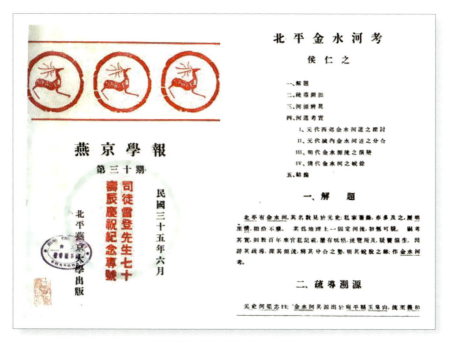

《北平金水河考》（1946年）

除了《北平金水河考》，侯仁之想到，既然人在天津，应利用此特殊机会，研究一下这座城市的历史。不久，侯仁之完成《天津史表长编草例》一文，也寄给洪业。很快，收到了洪业的回信：

> 《天津史表长编草例》甚佳，谨奉还。窃谓天津史之重要，其在近代尤当注重外交一项，故凡西文史料，最宜重视者也。近闻有天津编志之议，当局或欲借题以沾润寒士，吾弟此编正可为修志之用。然当今尚宜秘之，非干禄之时也。又所闻不知是否属实，故亦请暂勿告人。[50]

洪业对此篇文章十分肯定，但又提醒侯仁之，谨防此项成果被"当局"利用，拉拢知识人，以粉饰世道。所以，文章不要急于发表。

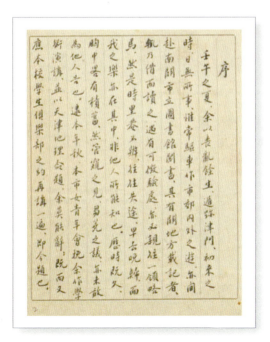

《天津聚落之起源》手稿

到了1945年，抗战胜利在望，天津工商学院印行了侯仁之的《天津聚落之起源》。

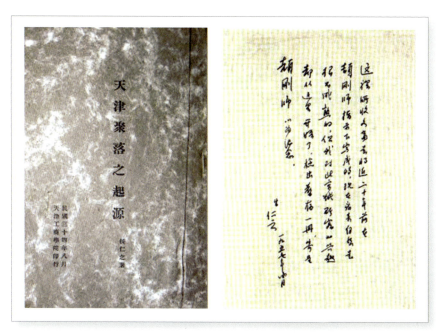

侯仁之《天津聚落之起源》书影及赠顾颉刚题记

侯仁之在天津，身处"缓刑期"，没有行动自由，只能靠书信或托人带话与洪业交流。这种交流，不仅使他获得了治学的教益，而且，侯仁之"所经受的最严重的一次考验，也正有赖于煨莲师的教导，才得自告无憾于今生"。

因为孙以宽（孙道临的哥哥，侯仁之送走的学生）、刘子健的再次被捕，侯仁之"自料必是送学生去解放区的事，已为日寇所觉察，事情追查下去，我必难幸免"。于是，他决定出走，投奔在成都复校的燕京大学。下定决心后，侯仁之让妻子张玮瑛去北平，向洪业禀告一切，并代为辞行。妻子带回来洪业的两点意见：

第一、我不能走。万一事情牵连到我，却又抓不到我，必然要抓我的铺保，也就是在城里开设"光明诊疗所"的原燕大校医吴继文大夫以及其他燕京有关的人。第二、我不走，如果再次被捕，甚至被判死刑，煴莲师说燕京人也会知道"侯仁之是为什么而死的"。[51]

侯仁之深感洪业这番话的分量很重，立即下定决心不走了，准备接受更严重的考验。最终，孙以宽、刘子健遭受酷刑，坚贞不屈，并未连累他人。侯仁之亲眼看到刘子健的斑斑伤痕，说"这伤痕也就永远留在我的记忆中"。

刘子健（1919—1993）

执教达仁商学院时，侯仁之结识了"勤学好问"的学生王金鼎。王金鼎1938年加入中国共产党，1942年受中央城市工作部委派，到天津从事地下工作（直接联系人为刘仁）。实际上，侯仁之被视为"潜在"的统战对象。数十年后，王金鼎在给侯仁之的信中回忆说：

我在课堂上认识侯老师是听您讲欧洲经济史，当时您用的教材我记得是□□和沙伯两个人合著的 *Economic History of Europe*。侯老师之所以引起我的注意，就是因为侯老师在讲欧洲经济史时，不是单纯从经济发展这样一个思路或者系统讲述下来。实际上您讲的是社会发展史，是历史唯物论。因为您讲课的体系首先是讲原始共产主义，然后如何发展到奴隶社会又发展到封建社会，从封建社会又如何发展到资本主义。在您讲课结尾的时候，您又很简单地讲了这么几句社会主义……我印象特别深的是，在您讲到原始共同体、原始共产社会的时候，您介绍了一本书，是摩尔根的 *Ancient Society*（《古代社会》）。有翻译本，我记得是杨东莼先生翻译的……听完您的课以后，我认为您是一个历史唯物主义者，而不是一个历史唯心主义者。这是我对您首先的一个印象，这是我尊敬您、愿意向您讨教的一个很重要的原因。我想这一点侯老师您可能没有意料到……您还讲过中国通史、经济地理。我记得您用的经济地理课本是克瑞斯（G.B. Cressey）著的 *China's Geographic Foundation*。我记得在克瑞斯的这部著作中，对中国有相当的感情。[52] 然后又听过您讲史学方法，史学方法您是采用启发的教学方法，而不是注入式的教学方法。这种教学方法对我来说不仅很新颖，而且很欣赏您的这种教学方法。您还讲过中国通史，这就不详细追述了……我到达仁学院之后，所以能够在一部分学生中间和一部分老师中间开始交朋友，工作中开始打开局面，借助您的威望，借助您的身份也是重要原因之一。这一点您当时可能没有意识到，因为当时达仁学院同学中间对您是非常尊重、爱戴的，认为您确实是一位很好的老师。[53]

王金鼎信首页（邓辉据录音整理）

几年来的经历，令侯仁之获得了很有价值的人生感悟。他为天津工商学院1944年毕业同学写了这样一段话：

> 在中国，一个大学毕业生的出路，似乎不成问题，但是人生的究竟，当不尽在衣食起居，而一个身受高等教育的青年，尤不应以个人的丰衣美食为满足。他应该抓住一件足以安身立命的工作，这件工作就是他的事业，就是他生活的重心。为这件工作，他可以忍饥、可以耐寒、可以吃苦、可以受折磨。而忍饥耐寒吃苦和受折磨的结果，却愈发使他觉得自己工作之可贵、可爱，可以寄托性命，这就是所谓"献身"，这就是中国读书人所最重视的坚韧不拔的"士节"。一个青年能在三十岁以前抓住了他值得献身的事业，努力培养他的"士节"，这是他一生最大的幸福，国家和社会都要因此而蒙受他的利益。

诸君就要离开学校了，职业也许是诸君目前最关心的问题，但是职业不过是求生的手段，而生活的重心却要在事业上奠立。愿诸君有坚定的事业，愿诸君有不拔的士节，愿诸君有光荣的献身。[54]

2000年12月，他把这段话抄进《侯仁之学术文化随笔》的跋语中，并感叹说："当时我所以能够写下这些话，一方面是因为我在自己献身的事业上，既已经历了日本侵略者的严酷考验，但更重要的是，我在心灵深处所接受的我的师长所给予我的亲切教导，以及明清之际的几位学者志士如徐霞客（徐宏祖）、顾炎武（顾亭林）和陈潢所给予我心灵深处的深刻影响。"

1944年11月，侯仁之写诗怀念洪业：

十年灯火继薪传，学有家风心自然。
敢道施施曾入室，也能兢兢自临渊。
低徊蓟北春风暖，惆怅津南旧雨天。
太息残园瓦砾里，师门桃李幸都全。[55]

抗战胜利，重返燕大

1945年8月15日，日寇投降，举国欢腾。当月17日，司徒雷登走出外交部街临时监狱，结束三年零八个月的监禁，重获自由。返校后，他立即着手进行复校工作，召集陆志韦、洪业、林嘉通、蔡一谔、侯仁之五人在东交民巷开会，成立复校工作委员会，接管校园。司徒雷登提出：原燕京大学的教职员工，凡是在沦陷期间丧失气节、为日伪政权工作过的，一律不得参与复校工作。侯仁之作为原学生生活辅导委员会副主席，仍然负责学生工作。10月10日，燕京大学开学典礼在大礼堂隆重举行。

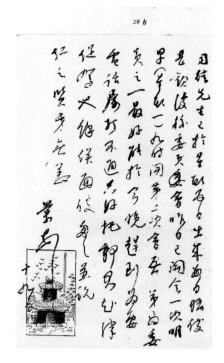

洪业致侯仁之信，通知侯仁之参加复校会议。

燕京大学航片（1945年）

按照原先的计划，1940年侯仁之完成了硕士论文并获得硕士学位之后，要前往英国，不料因欧洲战争爆发，完全打破了这个计划。现在，则要重启这件事。临行前，他精心准备了大量学术资料，最多的是有关北京历史地理的资料。对于英国之行，侯仁之已然胸有成竹。

在等待留学出国的这段时间内，侯仁之重履旧职，安排燕京大学有意"北上"的学生去张家口，进入解放区。张家口是抗战胜利后中国共产党接收的最大城市，那里有华北联合大学（今中国人民大学的前身）。

与石泉合影（石泉，原名刘适，燕京大学时代好友，进步学生。新中国成立后为武汉大学教授，著名历史地理学家）

负笈英伦

英国利物浦大学在燕京大学设有一份奖学金，每隔三年燕京大学可选派一人前去读博士学位。当初，在念研究生的一位燕京大学物理系助教将于 1939 年夏期满回国，洪业便推荐侯仁之前去利物浦大学接续。然而，此事在 7 年之后才得以实施。

1945 年 11 月，燕京大学校务委员会秘书林嘉通致信当时在重庆的罗士培，介绍侯仁之品行、著作及研究情况，推荐其赴英国利物浦大学留学。推荐信提及：

> 关于蓝烟囱奖学金（Holt fellowship），您已致信利物浦大学转达了续约的申请，我相信司徒雷登博士听闻这个消息将既高兴又感激。如您所知，如果续约，这个奖学金将轮到一个地理学者头上。在此，我给您一些有关候选人的信息。他是侯仁之，祖籍山东。他现年 34 岁……1941 年，他晋级为讲师（instructor）。1940 年至 1941 年，侯先生开设的课程是中国地理和中国历史地理……在过去的几年里，他进行独立研究，特别是在北平区域地理方面。鉴于他对其研究有着浓厚兴趣，而且他是一个具有信徒性格的成年人士，我相信为他提供机会去利物浦大学学习，将不仅有利于他本人，同样有益于培养英国、中国两国人民之间的亲善友好。[56]

信中罗列了侯仁之《勒辅治河始末》《明代宣大山西三镇马市考》《王鸿绪明史列传残稿》《续天下郡国利病书·山东之部》《天津聚落之起源》《北平金水河考》等 6 篇论著，并称他在《禹贡半月刊》《大公报·史地周刊》发表一些论文。

1946 年 1 月 23 日，利物浦大学教务长斯坦利（Stanley Dumbell, 1896—1966）致信林嘉通等人，称已与达比教授（Henry Clifford Darby, 1909—1992）谈妥，欢迎侯仁之进入地理系。[57]

侯仁之前往英国，只能走海路，他乘坐蓝烟囱公司（Messrs Alfred Holt & Co.）的货船由上海启程。此次留英所获得的奖学金就是这家轮船公司捐给利物浦大学再转燕京大学的。

侯仁之赴英乘坐的蓝烟囱公司 S. S. Samjack 号自由轮

船经香港，到新加坡，因码头工人罢工，在新加坡停留了一个月。在这里，侯仁之他乡遇故知，与老同学沈元骥彻夜长谈。

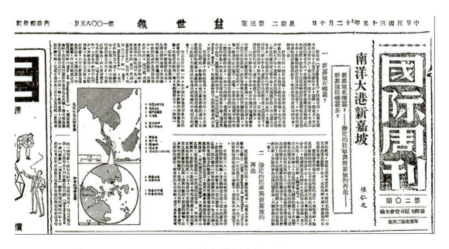

《南洋大港新嘉坡》

其后，再次起航，通过苏伊士运河进入地中海，出直布罗陀海峡后北上至英国。近两个月的海上航行后，侯仁之终于踏上"英伦三岛"。

侯仁之所乘船暂停新加坡，此为停留凭证。

利物浦位于英格兰的西北部，曾是英国最重要的港口、第二大城市。据说，利物浦的中国城是欧洲最早的唐人街。1865年，利物浦开通到上海、香港的航线，不少华人聚居利物浦。他们除了从事海员这一艰苦行业，也开餐馆、洗衣店。第二次世界大战期间，聚集于利物浦的华人海员一度多达2万人。在码头顶（Pier Head），今立有利物浦华人海员纪念碑。在唐人街，蓝烟囱航运公司办公室仍然有迹可循。这正是利物浦大学、蓝烟囱公司为中国学生提供奖学金的历史背景。

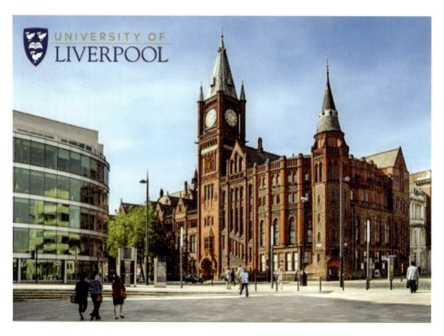

利物浦大学

利物浦大学，始建于1881年，其建筑外墙由红砖砌成，是英国第一所"红砖大学（Brick University）"。1946年10月，利物浦大学开学，侯仁之开启了新生活。

> 我住在学校的研究生宿舍，条件非常好，我一个人一个房间。因为我有奖学金才让我住在那儿，我非常感动……学校的纪律是很严格的，每个人都穿着黑袍。我在学校的餐厅吃饭。开饭的时间还没到的话是不能提前进餐厅的，早到的学生们在那儿弹钢琴、看报纸、聊天，等着。餐厅有两个大门，到时候门开了，大家都穿着黑袍进去。里面是一个一个长桌子，那是学生的餐桌。可是我进去后，没让我到学生们的餐桌去。在大餐厅的前头，有一个特殊的桌子，"high table"，位置高一点。在那里就座的都是教授、导师。我被安排和那些导师们坐在一起。是"high table"，高一点。就坐在那里吃饭。

侯仁之在利物浦大学宿舍前（1948年6月）

我站在那儿，有些不好意思。学生在底下，我也是学生——当然不是普通学生啦。我要求说我还是下去吃吧，他们还是同意我下去了。学生在那里都是长桌子吃饭，有一个人分菜，我也管过那个。作为一个学生我不能上那个"high table"。[58]

侯仁之在英国的生活是紧张高效的。1947年3月10日，他在给妻子张玮瑛的信中这样描述他第一年的紧张状况：

> 我现在每周换三个人：第一个"我"是大学一年级的 fresher，从星期一到星期五上午，到学校读书上课，做制图实习；第二个"我"是研究院的"博士待位生"，从星期一到星期五下午与晚间，在宿舍做个人的研究工作；第三个"我"是《益世报》的驻英通讯员，星期六读一周报纸杂志和做参考笔记，星期日用整天写通讯。靠第一个"我"，我学科学的基本训练；靠第二个"我"，我做高深的学术研究；靠第三个"我"，我替孩子们挣饭吃。这样一来，其余的大小事物，都得插功夫去作了。[59]

利物浦大学地理系始建于1917年，在英国是首创。创办人罗士培在西方地理学界很有影响，曾亲自撰文介绍中国的文化历史，而且多次来到中国，实地考察采访、举办讲座、参加研讨会，帮助中国同行开展工作。

罗士培在地理学院特设"中国地理研究室"，顾颉刚手写的《尚书·禹贡》全文挂在研究室墙上的大玻璃镜中。这是当年"中国地理研究室"成立时，罗士培教授的高足张印堂与林超共同赠送的。

侯仁之重返利物浦大学宿舍（1984年）

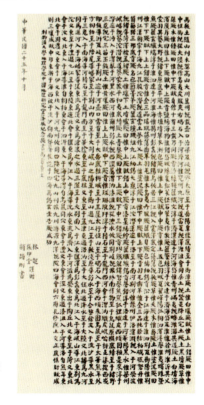

林超、张印堂所赠顾颉刚手书
《禹贡》条幅（1936年10月）

1947年，罗士培在利物浦大学工作了四十年、创办地理学院三十年后退休。侯仁之前往利物浦的时候，罗士培刚好到中国来，侯仁之错失了拜谒这位"中国通"的机会。

1947年2月17日，罗士培不幸在上海病逝。听到消息，侯仁之非常难过，立刻写了《悼罗士培教授》以寄哀思。

悼文寄回国内，发表于1947年3月18日《益世报》的"史地周刊"上。除了这篇悼文，本期周刊还刊发了侯仁之的译作《地理学的理论与实践》。这篇译文是一年前罗士培的继任者所做的就职演讲。这位继任者，就是达比教授。

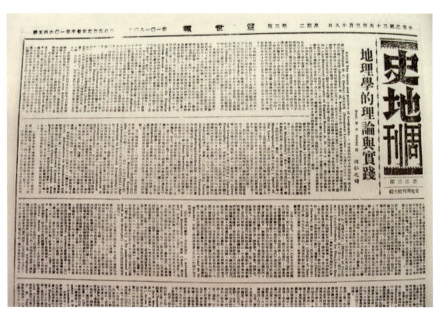

《地理学的理论与实践》（侯仁之译）

侯仁之失去了以罗士培为师的机会，改为师从他的继任者达比。达比教授是毕业于剑桥大学的年轻的地理学家，英国现代历史地理学的奠基人，他对侯仁之的影响非常大。提及这位导师，侯仁之充满敬意地说：

> Clifford Darby 教授研究的是英国历史地理学，我研究的是中国历史地理学，尽管研究对象不同，但其中的原则是相通的。过去，中国也曾有过历史地理这个专业，但它主要是研究疆域变迁、地界变化，并没有讲一个城市是怎样成长起来的，是什么条件使它在这儿而非在别的地方成长，在成长的过程中它所遇到的问题是怎么解决的，比如水源的问题、交通问题，等等。一个城市的成长受很多地理条件的约束……我从 Clifford Darby 教授那里学到了很多观念上的东西，使我受益终生。

从这里，侯仁之开始了正规的、现代意义上的"历史地理学"的学术生涯。西方的地理学家最先提出了"历史地理学"这个现代学术概念，现代"历史地理学"的正式建立是在20世纪20—40年代。1936年，英国教授达比在《1800年以前的英格兰历史地理》一书中，对以往地理学轻视时间过程这一缺陷提出了质疑，并明确阐述了现代历史地理学的性质、特点和方法。

达比（1909—1992）

在确定博士论文研究内容时，侯仁之选择了自己怀有深厚感情的古城北平（北京），题目是《北平历史地理》（*An Historical*

Geography of Peiping）。达比认为这个题目对历史地理学的发展将有重要贡献。侯仁之说：

> 达比对我很严啊。我所写的东西，他看得很仔细。有什么问题或错误，都毫不客气地提出来。这对我是很大的促进和鞭策。整整一年啊。我埋头于学习、研究、写作。第二年，达比看过了我的论文的"绪论"，认为很好。他才正式批准让我做他的博士研究生。[60]

六十年来，侯仁之一直珍藏着他的博士论文。论文有厚厚的三大本，全部由他自己用打字机打出来，并配有不少手绘的彩色插图。《北平历史地理》是侯仁之的第一部真正意义上的历史地理学专著。由此，开启了他终生的学术研究方向。

1949年9月，侯仁之通过论文答辩，获得博士学位。学成回国后，侯仁之运用达比的理论和方法，开展中国历史地理学的研究，取得卓越成就。有评论说：在中国历史地理学的发展过程中，"西方历史地理学理论和方法的引入，发挥了至关重要的作用，而先生在并世各位同人当中，是唯一有机会到欧美世界留学，并直接师从西方第一流历史地理学大师的学者，""通过先生在中国传布的达比的学术思想，实际上也是中国的历史地理学者最早直接接受的西方历史地理学理论。因此，达比学术思想对中国历史地理学发展的影响，远远超过了其他西方历史地理学家"。[61]

博士论文手稿

博士论文 *An Historical Geography of Peiping*（《北平历史地理》）打字稿（1949年5月）

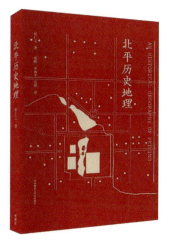

《北平历史地理》中译本（2013年）

正当侯仁之在英国学习的时期，国内的形势正风起云涌。因此，除紧张的学习写作外，侯仁之的热情也不可避免地投向了社会活动。

侯仁之刚一进入利物浦大学，计晋仁（就读于工学院，中共地下党员）就主动与他接近，吸收他参加中国留英同学会活动。1948年冬天，在英国学习的中国留学生代表在伦敦举行会议，选举留英中国学生会的领导成员。"国民党派"和"共产党派"的留学生之间斗争十分激烈。这次会上，侯仁之当选为留英中国学生会副主席，并兼任留英中国学生会利物浦分会的主席。留英中国学生会的主席则由来自剑桥大学的博士研究生曹日昌担任。[62]

中国留英学生会在利物浦大学召开大会（1948年夏）
（前排坐者：左1. 黄新民；右1. 侯仁之）

1949年春，中国科学工作者协会英国分会在曼彻斯特大学成立。侯仁之以留英中国学生会副主席的身份出席，并参与宣言与会章起草工作。在动员留学生回国参加新中国建设方面，侯仁之发挥了积极作用。根据计晋仁回忆：

1948年以后，国内解放战争的形势发生了根本性转变，全国解放的日子眼看就要到来。根据刘宁一同志的指示，我们也把工作重点放在大力宣传党对知识分子的政策方面，动员留英同学在全国解放后回去建设新中国。1948年我和曹日昌、裘克安等人，先后离开了英国。当时还留在英国的同学如黄新民、朱洪元、许绍高、徐礼章、侯仁之等同志，在这方面曾做了更多的工作，所以在新中国成立前后，学有成就的留英学生和学者几乎都回到了祖国。[63]

著名城市规划学家陈占祥也是利物浦大学的毕业生。1938年，他留学进入利物浦大学，曾任建筑学院学生会主席。硕士毕业后，于1944年年底进入伦敦大学攻读博士学位。陈占祥积极关注中国海员的福祉，曾任中国海员俱乐部秘书长。1943年，陈占祥设计了"利物浦中国城"。

陈占祥比侯仁之早到英国，二人在英国已经熟识。回国后，二人来往更为密切，并共同为北京城市规划出谋划策。陈占祥说过：

> 我画了具体方案，城市形体继承了传统的格局，把周围一切可利用的地形地貌都利用上：钓鱼台、莲花池、黄土岗土城、中都遗址等等。50年代侯仁之从利物浦大学地理系结业回国，他的论文《北京历史地理》中的成果与我所构划的行政中心几乎完全吻合，可以说与北京历史演变搭上了架。[64]

这个"构划的行政中心"方案，就是著名的北京城市规划"梁陈方案"中的内容。

留英期间，令侯仁之十分难忘的，是老友兼老学生熊秉明、曹天钦。回国之前，侯仁之去法国巴黎与熊秉明话别。当时，王乃樑在巴黎大学理学院学习自然地理，还没毕业。三人在火车站合影留念。

侯仁之回国前与熊秉明合影（1949年）
（左起：1. 王乃樑；2. 侯仁之；3. 熊秉明）

侯仁之画传（中）

返回祖国，返回燕大

1949年1月31日，北平和平解放。

1949年夏，侯仁之告别达比教授和相处三年的师友，踏上了回国的旅程。回国乘坐的还是蓝烟囱公司的船，回国的时间比来的时候缩短了近一半。

为了安全，组织上给他写了一封介绍信，让他途经香港时，到新华社找乔冠华、黄作梅。

到了香港九龙，侯仁之找到新华社的驻地。乔冠华已不在那里，但那里的人很快为他做好北上的安排，让侯仁之乘一艘运煤货船北上。为了防止发生意外，黄作梅嘱咐他上船后要一直待在舱房里，直到轮船驶出台湾海峡，才可以到甲板上来。[65]

侯仁之在归国海轮上发表演说（1949 年）

1949 年 9 月底，侯仁之到达北平。10 月 1 日，开国大典在天安门广场隆重举行。侯仁之有幸参加了这一空前盛会。这天，侯仁之与夏仁德教授作为燕京大学代表，从清华园乘火车到西直门，而后步行到天安门广场。次日，燕京大学举行拥护世界和平庆祝新中国成立大会，侯仁之为全校学生作报告，畅谈参加开国大典的感受。他说：

> 燕京大学的人非要叫我作报告不可。在大礼堂，灯全都灭了，只有一个电灯照着我，叫我一个人站在台上讲。那么多群众出来，那么多！你看过去受压迫、受迫害，现在新中国成立了，大家多么高兴！新中国刚刚成立我就回来了，我激动极了！那天把我的感想在大礼堂讲了，大家和我一样激动啊！[66]

侯仁之很快在燕园投入新时代的工作。他虽然获得了地理学的学位,但仍然在燕大历史系任教,并很快升为教授。他为历史系的学生讲授地理课程,包括"地理学通论"和"中国历史地理选题"。除教学外,侯仁之还兼任校学生生活委员会主席、燕京大学事务委员会委员等。

"中国历史地理选题"讲稿

兼任清华大学教授

回国不久,侯仁之有机会结识了正在清华大学建筑系任教的著名建筑学家梁思成、林徽因夫妇。当时林徽因病情已相当严重,看到梁思成既要工作,又要照顾林徽因,侯仁之很是感动。对于林徽因,侯仁之并不陌生,在燕京大学本科学习的时候,就听过林徽因关于中国古建筑的讲座,也读过她与梁思成先生的著作。

1949年10月,侯仁之到清华大学拜访梁思成、林徽因。首次见面中,梁思成曾向侯仁之提问"你研究历史地理能为北京城做什么?"这个问题,对侯仁之影响至深。侯馥兴说:"实际上也正是这第一次会面,促成父亲走上一条业务探索的新路,也就是运用历史地理学的专业知识为城市规划建设服务的道路。"[67]

梁思成、林徽因在清华园合影(20世纪50年代)

梁思成了解到侯仁之对于城市地理的问题十分熟悉,便邀请侯仁之兼任清华大学营建系(1952年9月改称建筑系)教授,为学生们开一门新课——"市镇地理基础"。在课上,侯仁之系统讲解了北京、西安、洛阳三座古都的起源与发展、城址的变化,以及城市环境(尤其是水源)的知识。

此外,侯仁之还在清华大学历史系兼课。此事是吴晗推荐的。"新中国成立之初,清华大学历史系系主任由吴晗担任……历史系还邀请燕京大学历史地理学权威侯仁之教授讲学,以扩大学生的眼界。"[68] 1952年院系调整之前,清华大学设有地理系,侯仁之到地理系作过题为"什么是历史地理"的讲座。

由于梁思成的推荐,1950年4月,中央人民政府政务院任命侯仁之为北京市都市计划委员会委员。

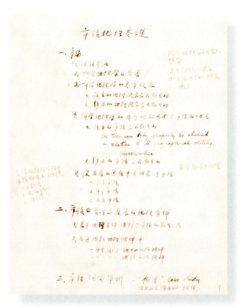

为清华大学建筑系开设的"市镇地理基础"课程的讲稿

这一职务使侯仁之得以参与首都北京的城市规划工作,而正是这种参与,又使侯仁之能够将北京历史地理的研究与当代建设挂起钩来,侯仁之的北京研究获得了新的拓展,他为北京城市建设陆续提出了很多极有价值的建议。

1950年5月,北京市都市计划委员会决定将北京西北郊(今海淀地区东部)定为文教区。侯仁之说:

> 我在北京市都市计划委员会所进行的第一项任务,就是要从地理条件上充分论证过去海淀附近园林开发的原因,以便进一步考虑其规划利用的前景……为了进行合理的规划,首先就需要了解为什么自明清以来海淀诸园接踵而起,从私人别业一直发展到皇家的离宫别馆。这块地方究竟有什么特点,

竟在数百年内发展成为北京近郊盛极一时的园林区。研究的结果，从微地貌和水源条件的分析，提出了"海淀台地"与"巴沟低地"两个小区的划分，而旧日海淀诸园的分布，无不在巴沟低地这个小区之内。因此，以风景论，自然首推旧日园林散布的低地；但是以建筑条件论，当以海淀台地为上选。[69]

1950年10月，侯仁之在清华大学营建系市镇计划组作题为"海淀附近的历史地理"的报告，梁思成、林徽因等人出席。11月份，在梁思成的建议下，侯仁之又为北京市都市计划委员会作了一次类似的报告。这个报告后来发表在《地理学报》上，成为历史地理研究的典范之作。

在这项研究过程中，侯仁之产生了编纂《北京历史地图集》的设想，并得到梁思成的鼓励和支持。编纂地图集，需要专职绘图员。此前，中国科学院制定《中国科学院对院外研究工作暂行辅助办法》，规定凡是国内从事科学研究工作的团体或个人，可向中国科学院申请生活费补助、器材补助或研究费用补助。于是，1951年5月，梁思成亲自给中国科学院写信，申请为侯仁之配置一名专职绘图员，以协助他工作。梁思成在信中首先肯定侯仁之"在最近设计的西郊文教区的工作中，他的贡献是极大的"，并进一步指出：

> 燕京大学侯仁之教授研究历史地理多年，搜集资料极为丰富，关于北京近郊的历史地理研究尤深……他以往所发表的论文大多是以文字为主的。现在他正拟开始另一种更重要的工作——以地图说明历史地理。他因限于时间，极需一名绘图员的帮助。因此声（申）请补助一名绘图员的生活费，连纸张工具乃至调查费用都自筹，这样的声（申）请实在是最"克己"的。侯先生的工作无论在学术上和北京市的建设上都将有极大

的贡献。许多人都在等待他的地图的制成。我恳切地希望他的声（申）请能得到批准。[70]

不久后，中国科学院复函表示同意资助。于是，舒化章受聘协助侯仁之绘制地图。

侯仁之用"谊在师友之间"形容自己与梁思成的关系。1972 年 1 月 9 日，梁思成病逝。16 日，侯仁之致信仍在河南息县中国科学院"五七干校"的夫人张玮瑛，称梁思成"曾厚望于我"。

梁思成信件影印

燕京大学的本职，加上清华大学的兼职，使得侯仁之的工作异常繁忙。1950 年 11 月 20 日，侯仁之一家从原来居住的佟府甲三号搬到燕南园 61 号。夫人张玮瑛回忆说：

> 那时，仁之虽然年富力强，但长期负荷繁重，使他患了三叉神经痛，痛得不能入睡，不得休息。不过，只要有些缓解，他就又忙起来。白天的课程、会议、社会活动总是排得满满的，只能挤晚上的时间写作。当时，我们住的燕南园没有接通学校的暖气管道，各家各户靠自己烧煤取暖。在楼上靠近楼梯口的地方，我们支起一个很高的洋铁皮炉子，烧煤块加煤球，火力很大，楼上各房间的供暖都靠它。仁之很会"伺候"这炉子，自己添煤、捅火、铲灰，控制火候。晚上，先把孩子们住的

房间门打开,让暖气进去。等孩子们睡了之后,仁之再把各房门关上,让热气集中在楼道里。夜深人静,坐在楼道角落的一张小枣木桌前,摊开纸笔,文思流畅,时常到午夜或凌晨才搁笔。[71]

这时的侯仁之,工作辛劳,但心情无疑是愉悦的。就像他1962年5月在《步芳集》前言中描述的:"生活在解放后的祖国,就好像进入了一个光辉灿烂的大花园""如行锦簇地,举步皆芬芳"十个字多少能反映心情,"概括了十多年来我在生活道路上的真实感受。"[72]

思想改造

1951年春,侯仁之参加了首都高校教授华东区土地改革参观团(参观团中还有林耀华、林庚、卞之琳、唐敖庆、邵循正、丁则良等),赴苏南、上海等地参观土地改革运动。

参观活动持续近一个月,侯仁之在思想上受到极大震动。此时,侯仁之在《人民日报》上刊文说:

> 在土地改革中我首先发现了我自己的思想感情和劳动人民的思想感情是有着极大的距离的。除非我能够从思想上把自己彻底加以改造,否则我就不可能很愉快地生活在今天的人民新中国,更谈不到全心全意为人民服务了。到这时为止,我算是生平第一次感觉到有彻底改造自己的必要了。所以到这次教师思想改造学习运动开始的时候,我确有一种自觉的要求。我愿意迎接这个有组织有领导的学习运动,在这个运动中彻底改造我自己。在学习当中,我曾经把自己比作一个带病求医的人,至于如何去医治自己

的病，那我就不知道了。[73]

在各类思想改造活动中，侯仁之的态度基本上是积极的、诚恳的，他认为这是新时代所需要的，也是新时代的一个部分。

侯仁之谈到自己的感想：

> 在我初步学习了马列主义的基本知识之后，我首先感觉到自己的业务有进行改造的必要了。我原是学历史的，以后才改学地理。我还记得当我回国之前，有人向我半开玩笑地说道："你现在幸而是改行了，否则回去以后就非要重新学起不可；不然，会失业的！"他这话虽然是半开玩笑的，但是我却以为并不是全无道理。可是回来之后不久，我发现连我所学的地理学也非要彻底改造不可了。我在达到了这样的认识之后，首先是想学俄文，以便多多吸取苏联地理学界的新思想和新观点。其次，我又着手研读政治经济学，以为这是改造我的地理学的理论基础。但是现在回想……这种首先为了自己而进行的业务改造，是永远不会改造得好的。要想改造得好，就必须先来改造自己的思想，使自己首先能够成为一个全心全意为人民服务的人。[74]

课程商榷

1950年，教育部公布大学历史系课程目录，侯仁之针对这一目录，写出《"中国沿革地理"课程商榷》一文，发表于当年7月的《新建设》杂志上。在我国现代历史地理学的建立中，这是一篇非常重要的文章。

在这篇文章里，侯仁之认为应当以"历史地理学"一名取代原有的"中国沿革地理"一称。这不仅仅是一门课程应当用什么样的名称,而是涉及几个十分重要的有关学科建设的问题。这门学科的研究内容,主要是不同时代地理环境的变迁,"从先史时期开始,举凡每一时期中自然和人文地理上的重要变迁""凡是可能的都在讨论范围之内"。历史地理学与传统的"沿革地理"既有密切的联系,又有极大的区别。历史地理学者的工作是属于地理学的,只是研究中使用的材料是从历史上得来的。[75]

《"中国沿革地理"课程商榷》

在20世纪50年代初期,尽管历史地理学在视野拓展与研究方法的更新上还将有一个逐步实践的过程。但理论上的明确认识已经由此奠定了基础。有评论认为:新中国成立之初,"当时的教育部所列出的大学历史系课程中还只有'沿革地理'。对学科发展满怀热情的学者及时指出了沿革地理的局限性,其中北京大学侯仁之教授的意见最为有力"。[76]

此后,"历史地理学"一名正式出现在中国大学的课程设置中,逐渐取代了原来的"沿革地理"。在新的历史地理学理论思想的影响下,研究视野迅速扩展,许多沿革地理未曾过问的内容,逐渐被提了出来,并开始了逐步深入的研究。

院系调整,进入北大

1952年全国高等学校院系调整。3月21日,北京大学、清华大学、燕京大学三校院系调整会议在北京大学召开。在这次调整中,燕京大学是被"裁撤"的对象,一些系科调入其他院校,其余部分并入北京大学。7月2日,京津高校院系调整办公室发出综合性大学设置专业及系科的初步意见,北京大学制订出新的系科和专业设置初步方案。9月16日,北京大学开始从城内沙滩迁入西郊原燕京大学校址。9月22日,北京大学筹备委员会发出正式通知,公布新的各行政部门负责人名单。侯仁之任北京大学副教务长兼地质地理系主任。10月4日,新北京大学在燕园东操场举行开学典礼。

在这次院系调整中,原清华大学地学系中的地理组被调整到北京大学,成立了地质地理系。在北京大学,侯仁之一如既往,充满热情地工作,努力坚韧地在学术上开拓进取。

除了教务工作之外,侯仁之又被任命为新北京大学文娱体育委员会主任,这是因为侯仁之有长跑的专长。

侯仁之曾名列燕京大学越野队"四大金刚"之一,从小就培养出跑步的爱好,受益良多。

身为副教务长,侯仁之"根据自己多年来从事教学与科学研究工作的切身体验,向同学说明脑力劳动者除了睡眠这种休息方式以外,进行体育锻炼是一种十分有效的休息方式。特别是同学们正处在长身体时期,一定要注意身体健康"。[77]

燕京大学越野队(1936年)
(前排左 2. 侯仁之)

北京大学校领导与校女篮队员合影(1955年)
(后排左起:2. 赵占元;3. 侯仁之;4. 江隆基;5. 马寅初;7. 周培源)

1955年北京大学举行春季运动会,侯仁之参加40岁以上教职工的3000米长跑比赛,取得第一名的成绩,照片记录了他冲线的一刹那。那年他44岁。

侯仁之在北京大学春季运动会长跑比赛中冲刺（1955年）

侯仁之在北京大学春季运动会长跑比赛中获得第一名（1955年）

苏联专家

侯仁之担任新北京大学的地质地理系主任，面临一个特殊的挑战。当时的大背景是"一边倒",全面向苏联"老大哥"学习。在文化、科技、教育等领域,中国聘请苏联专家当顾问,翻译苏联的文理各科书籍。1952年11月,教育部指示各高校制订编译苏联教材计划。这对刚从英国留学回来的侯仁之来说,又是另一个学习调整的过程。

北京大学与苏联莫斯科大学等高校建立了比较密切的联系,例如1956年秋季,苏联地貌学专家列别杰夫来北京大学任教,并任系主任顾问,曾帮助地质地理系创办地貌专业。列别杰夫毕业于莫斯科大学地理系地貌专业,来华前执教于乌克兰切尔诺夫泽大学地理系,任地貌学教研室主任。来华后,他在北京大学地质地理系讲授"现代地形学基本理论和问题"课程,并与侯仁之研究师资培养问题。

欢迎苏联专家列别杰夫(1956年)
(前排左起:2. 王嘉荫;3. 林超,5. 列别杰夫;6. 侯仁之;7. 王乃樑)

与苏联专家列别杰夫考察海淀寨口村地貌
（左起：1. 侯仁之；2. 曹家欣；3. 王乃樑；4. 王嘉荫；5. 韩慕康；6. 列别杰夫）

为了配合对苏联"十月革命"四十周年的纪念，1957年11月6日《人民日报》刊文《中苏两个古老大学的友谊》，介绍了北京大学与莫斯科大学的交往，重点说到侯仁之及其所在的地质地理系。

〔北大地质地理系〕从诞生的第一天起，就是在莫斯科大学方向的指导下前进着。1954年秋天，彼得罗夫斯基访问北京大学时，还来到地质地理系观看……1955年莫斯科大学地质地理系马尔柯夫教授和格拉卓夫斯卡娅教授并以函授方式指导了北京大学地质地理系的陈传康和陈静生两位助教的科学研究工作……1956年莫斯科大学地理系萨莫伊洛夫教授来中国科学院工作时，又带来了莫斯科大学地理系的许多珍贵礼物。目前还在北京大学地质地理系讲学的列别杰夫教授，也是莫斯科大学培养出来的优秀的科学家。他为新中国建立了第一个地貌学专业。[78]

1957 年 7 月，侯仁之受组织委派赴南斯拉夫，参加在贝尔格莱德大学举办的"今日的大学"国际讨论会。回国途中，途经苏联，侯仁之参观了莫斯科大学地理系。

侯仁之出访南斯拉夫（1957 年）
（左起：1. 侯仁之；4. 张龙翔）

关于学习苏联，侯仁之是认可的。1953 年 1 月，在大学地理教学问题座谈会上，侯仁之表态"总的方向还是向苏联的方向走"，但在具体工作中也认为"我们的教学计划不能硬性抄袭苏联"。[79] 这次座谈会是中国地理学会第一届全国代表大会的会议内容之一。正是在这次大会上，侯仁之当选中国地理学会（总会）常务理事，并兼任《地理学报》总编。

中国地理学会第一届全国代表大会合影（1953年）
（前排左起：1. 孙敬之；2. 周立三；8. 侯仁之；10. 李春芬；11. 李旭旦）

20世纪50年代以后的数年间，侯仁之相当忙碌。用顾颉刚的话说是"任务苦多"。他除了承担日常的教学工作外，由于担任了北京大学副教务长及地质地理系主任，有许多事务性的工作要做。他还在社会上担任了相当多的职务，如全国民主青年联合会常务委员、北京市人大代表、北京市人民委员会委员、全国政协委员等。侯仁之要参加各种各样的会议，行政上的或学术上的，日无暇晷。尽管如此，侯仁之还是凭借热情与刻苦并重的精神，在教学与科研上取得了非常丰富的成果。

笔记手稿

侯仁之在写作

课程建设：地理学史

1952 年 9 月，北京大学地质地理系 1952 级自然地理专业本科生入学。在专业设置上，最初只有地理专业，地质专业的真正设置是稍晚的事情。不过"地理方面按苏联经验只建立自然地理专业。人文地理由于受极'左'思潮的影响，在全国大学地理系中销声匿迹，既无专业，又无课程。北大情况亦是如此。到 1955 年，开始建立经济地理专业"。[80]

按照侯仁之的理解，认识一门学术，有必要了解这门学术的发展历史。于是，在 1952 级自然地理专业必修课中，开设了"地理学史"，属四年级课程，由侯仁之主讲。当时在北京大学地质地理系学习的李文漪回忆道：

> 在开学后的第一学期，侯先生给我们讲"地理学史"课。课程共有七讲，内容主要讲述我国商、周以来，各个历史时代的地理发展、社会政治环境与地理环境的发展变化，讲中国传统地理学的发展过程和它独具的特点，说明历史时期的自然地理的形成与发展变化，与社会、政治环境的影响是分不开的。地理学史，也是政治的历史。科学的发展，是取决于物质发展的程度，地理学的发展也是由于生产的发展决定的。侯先生的课程，使我对地理学的认识开阔了不少，明确了地理环境的发展变化因素，不仅是自然环境，也与人类活动、社会政治、人文与经济等息息相关。对于有关的概念的理解，提高了对历史地理学的认识，开阔了对地理学的视野。今天看来，对我国社会和城市发展，不了解过去，就不能正确地认识现在、展望未来。[81]

1953年6月25日，侯仁之主持北京大学地质地理系第十五次系务会议，讨论制订"过渡性的教学计划"。该教学计划在四年级课程中设有5学分的"地理学史"。

根据陈彤、孙世恺的描述：地理"这个专业新开'地理学史'课程，那时还没有一套完整的讲义。系主任侯仁之教授领导教研组的教师编出中国部分的地理学史讲义以后，感到对苏联近现代地理学史研究不够深刻。这时，侯仁之教授忽然想到在本班学习的苏联留学生。他想，这几位苏联留学生很努力，出国前已在莫斯科大学学过地理，一定对苏联近现代地理学了解得比较多些，如果能叫他们讲点课也是促进学习的好办法。于是他提议请苏联留学生讲述这部分课程。"[82]后来在俄罗斯科学院远东研究所工作的柳伊康德拉绍娃回忆说："侯仁之亲自给我们上课，解释古文，并希望我们回国后能将古文翻译成俄语，但我们却无法胜任这样伟大的事。"当时的柳伊康德拉绍娃正以苏联莫斯科大学地理系交换生的身份在北京大学地质地理系学习。

中国地理学史是侯仁之"新开辟的科学研究方向"。1954年9月2日，侯仁之出席中国自然科学史研究委员会成立会议。该委员会由竺可桢任主任委员，叶企孙、侯外庐任副主任委员，侯仁之与向达、李俨、钱宝琮、梁思成、刘仙洲、王振铎共17人当选为委员。在这一届委员会中，侯仁之的分工是地理学史。[83]1956年1月3日，竺可桢召集刘仙洲、叶企孙、侯外庐等人参加《中国科学史》座谈会，侯仁之与王庸被指定为《地理（地图）学史》的作者。[84]与此同期，侯仁之还与王庸、谭其骧讨论中国科学史十二年远景规划中的地理学史研究规划。[85]遗憾的是，王庸于1956年3月突然去世，中国地理学史的研究编纂工作只能由侯仁之主持。

进行中国地理学史的教学和科研，是身为系主任的侯仁之为发展北京大学地理学而进行的新探索。1956年，北京大学地质地理系打算成立"历史地理及地理学史研究室"，而计划聘请调入的师资就是谭其骧、黄盛璋、王庸三人。当然，这一计划并没有实现。

在以北京大学地质地理系"中国地理学史"课程讲义基础上形成的《中国古代地理学简史》一书，执笔者为侯仁之、徐兆奎、曹婉如。对该书提供指导的有竺可桢（中国地理学会理事长）和陈原（中央文化部出版事业管理局副局长）。

侯仁之与青年教师研究中国地理学史
（左起：徐兆奎，侯仁之，曹婉如）

1959年，《中国地理学简史》在北京大学地质地理系内部印行。原来的课程讲义共六章，可是，第五章"半封建半殖民地时期地理学"和第六章"解放以后的地理学"在这次内部印行及日后公开出版中均被删除。

竺可桢写信给侯仁之，谈了他对《中国地理学简史》的意见。竺可桢

《中国地理学简史》（1959年10月内部铅印本）

"甚佩贵校地质地理同人能于短期内写成十多万字巨著，网罗上下两千多年来的国人地理工作，提纲挈领地叙述出来，文字也极流畅。不愧为开国十年纪念中国科学史的礼品。"[86]

《中国古代地理学简史》（1962年）

在讲授中国古代地理学史课的同时，为了给对中国古代地理学的发展有兴趣的地理工作者和大学地理系的学生提供一部参考书，侯仁之主编了《中国古代地理名著选读》一书。此书的编纂得到中国科学院地理研究所领导同志的支持和帮助，以《禹贡》《汉书·地理志》《水经注》和《徐霞客游记》四种作为选注的尝试，并约请了顾颉刚、谭其骧、黄盛璋、任美锷诸位先生参与。

顾颉刚领衔撰写了一篇《禹贡》导论性质的说明。对于这篇文字，他说"《禹贡》著作时代问题，蓄于心中已三十余年，兹以仁之之促，述其大概，心所蓄者得写出若干，快甚"。[87]

1959年9月《中国古代地理名著选读》出版后，获得了学界认可。1963年8月，该书由香港中华书局股份有限公司再版。印行之初，有评论称"过去对古书的注释绝大部分是引经据典作烦

在青岛湛山寺合影（1957年8月）
（左起：谭其骧，顾颉刚，侯仁之）

琐的考证，不能说明问题。《中国古代地理名著选读》有一部分注释不是根据书本，而是根据实地考察，以事实来和原书相印证……这种运用实地考察来注释古书的科学方法，打破了过去训诂考证的传统范围。此外，本书的注释还利用地图将古代的地理情况重现在我们的面前，使我们能够更好地去理解古籍，更深刻地去认识地理现象的发展规律。"[88] 谭其骧在向初学者介绍必读书时，认为《中国古代地理名著选读》是比较合适的，质量比新中国成立前高了许多。[89]

在对中国古代地理学家的评述中，侯仁之褒奖过刘献廷，品评过顾祖禹、顾炎武和孙兰，但更赞赏徐霞客。这种赞赏乃是出于对地理学性质的现代理解，这一点类似早年的丁文江。侯仁之认为：徐霞客开辟了系统观察自然、探索自然的新方向，是中国历史上最伟大的地理学家之一，同时在世界科学史上也应占有重要地位。[90] 他特意撰写了《徐霞客》一书。谭其骧先生曾说:"研究徐霞客,1949年以前是丁文江先生带出来的;1949年以后,是侯仁之先生带出来的。"[91] 换言之,"新中国成立后,侯仁之先生对于徐霞客的研究评价最有影响,他对于霞客的地理学价值的阐述获得公认"。[92]

20世纪60年代初,侯仁之先生曾在北京大学"星期天讲座"主讲"旅行家徐霞客在科学史上的成就",引起了热烈反响。[93] 1987年11月,纪念徐霞客诞辰400周年会议在江苏省无锡市召开。侯仁之为重修江阴市马镇乡故居屏风题词。

《徐霞客》(中国历史小丛书)

　　明朝末叶,一位伟大的时代先驱,诞生在这里。他是封建传统的叛逆者,科学领域的拓荒人。他热爱祖国山河,以毕生的精力,艰苦卓绝的精神,锐敏的观察,清新隽永刻画入微的文笔,描写大自然的壮丽,揭示地理现象的奥秘,特别是在广大地区岩溶地貌的研究上,他更居于全世界遥遥领先的地位。他就是徐霞客,他将永远活在人们心里。[94]

1993年7月,中国徐霞客研究会成立大会,侯仁之当选为这个全国性一级学会的名誉会长兼学术委员会主任。

侯仁之也十分重视明朝郑和在航海事业上的历史贡献,撰有《在所谓新航路的发现以前中国与东非之间的海上交通》一文,并在1964年的北京科学讨论会上宣读了英文本。文中回顾了中国南海和印度洋上的航海历史,着重考察了明朝中国政府组织的以郑和为代表的七次远航,包括航海技术、远航路线、季风利用等。

侯仁之强调了这些远航对于中国与东非之间航路开辟的意义,是真正的海上交通的新发展,而对于西方人的所谓新航路的发现的说法,必须予以纠正。

1965年6月,竺可桢把《西洋科学名人传》中洪堡传记的写作任务交给侯仁之。两个月后,侯仁之完成写作。竺可桢读后,认为"写得很流畅生动。谈前半生在南美洲旅行一段,栩栩有生气。中亚之行也写得不坏"。[95]

在北京科学讨论会上的英文讲稿

科学研究小组

1956年春,北京大学号召同学们积极向科学进军,鼓励同学们组织科学研究小组。时任校党委书记、副校长的江隆基说:"向科学进军可以采取各种各样的方式。写学年论文,成立科学研究小组,组织科学报告会和讨论会,是向科学进军的重要方式。"[96]

地质地理系的崔海亭、田昭舆等同学组成北京地理科学研究小组,由侯仁之指导。在学习研究活动中,侯仁之继承了自己以往的学教传统,将室内书本学习与室外实地考察相结合。崔海亭回忆道:

> 1956年我们班成立了一个北京地理研究小组,请侯先生做我们的导师,搞了几次活动。一次侯先生把我们叫到燕南园他的书房里,给我们讲北京的地理、历史地理,还是以北京的水源开发为线索和切入点,如玉泉山水源的开发、三国时

期大将军刘靖修戾陵遏、开车厢渠的引水工程、金代玉泉山水源的开辟,以及元代白浮泉水系的开辟都作了详细的讲解。第二次活动,侯先生带领我们骑着自行车进行实地考察,我们小组成员每个人从老师那借辆自行车,侯先生骑着他1949年从英国带回来的三枪牌自行车。先参观了卧佛寺附近古代引水渠道,然后沿着北旱河考察,接着去考察颐和园西面的玉泉山水系,然后沿南旱河南行,再去看车厢渠遗迹,并带领我们翻过田村山,到了八宝山一带,然后再返回燕园。这一活动让我们真切地体会到给水和排水与北京城市发展的密切关系。[97]

侯仁之在家中指导北京大学地质地理系1954级学生科研小组
(左3.侯仁之;左4.崔海亭)

1956年3月20日出版的《中国新闻》刊发了马寅初的《北京大学的科学研究工作》一文。这位时任北京大学校长把侯仁之指导的科学小组作为全校约60个科研小组的典型加以介绍:

例如地质地理系主任侯仁之教授亲自指导了自然地理科学小组的活动,帮助他们制订计划,并带领他们到校外去测量水道。这种对学生有极大益处的科学小组,在今后必然会更多地建立与发展起来。[98]

侯仁之主张"倾听来自学生群中的声音",而通过科研小组可以很好地实现这一目标。他在《人民日报》上撰文:

一位年长的教师尽管教学和科学研究工作都是十分繁重的(因为他们正是这方面的主力),如果使他每隔三、四周拿出两个小时的周末时间,来接待一下希望和他进行一次亲切谈话的学生,他也会是十分欢迎的。[99]

侯仁之与学生在一起(1962年1月,新华社记者谢珂摄)

1957年9月,侯仁之参加了北京大学宿舍区挖沟劳动,并利用周末带领新入校的经济地理专业学生考察北京大学校园及周边地区,如昆明湖、玉泉山等地。

理论建设

侯仁之在学术研究上，认为首当其冲的是学科理论建设。继《"中国沿革地理"课程商榷》之后，侯仁之进一步撰文，系统论述历史地理学的学科性质与理论方法。

1962年，侯仁之写出了十分重要的理论文章《历史地理学刍议》。在这篇文章中，他更加系统地提出了对历史地理学的看法。在中国历史地理学的理论建设上具有里程碑的意义。

在此文中，侯仁之对历史地理学的学科性质（包括与传统沿革地理的关系）、研究对象、学科分支、研究目的、研究方法进行了系统性的阐述。他指出："历史地理学是现代地理学的一个组成部分，这是无可置疑的。"其研究的对象"乃是人类历史时期地理的本身"。开展历史地理学研究，首先要"把过去时代的地理进行'复原'"，之后是"把不同时代的已经复原了的地理按着历史发展的顺序，联系起来进行研究，寻找其发展演变的规律，阐明今天地理的形成和特点"这一工作，不仅有助于现代地理学的发展，还将有助于当代的生产建设、城市规划等工作。传统"沿革地理的工作则可以包括在历史地理学的研究领域之内，它是历史地理研究的初步，而不是它的主要对象和最后目的"。关于研究方法，侯仁之强调了野外考察在历史地理学研究中的重要作用。[100]

侯仁之说："还是在新中国成立之初，学习了恩格斯在《自然辩证法》一书中关于上述的论断之后，我才开始认识到这些论断在理论上对于历史地理学的发展是至关重要的。"《历史地理学刍议》首先引用了恩格斯上述的所有论述，作为学科理论上的说明。多年以后，他说"现在看来，恩格斯在《自然辩证法》一书中有关自然界变化的见解，至今仍可作为历史地理学的一种理论根据来进行探讨"。[101]

《历史地理学刍议》(《北京大学学报(自然科学版)》
1962年第1期)

1956年，中国科学院计划招收研究生，但导师不限于本院学者，地理研究所的历史地理专业导师为北京大学的侯仁之和复旦大学的谭其骧。1957年，侯仁之代中国科学院地理研究所招收了历史地理专业的研究生郑景纯。

1957年，侯仁之招收了他在北京大学的第一个历史地理学研究生王北辰。王北辰（1921—1996）原本是齐齐哈尔的中学地理教师，1961年北京大学毕业后留校，三十多年一直从事历史地理学的教学和科研工作，尤其关注沙漠、交通历史地理问题。

王北辰（张宝秀提供）

中国地理学会历史地理学术会议合影（1979年）
（二排左起：1. 钮仲勋；9. 侯仁之；10. 史念海；11. 陈桥驿；14. 徐兆奎；16. 石泉）

经世致用的学术风格

受顾炎武"经世致用"精神的影响，遵循燕京大学"因真理，得自由，以服务"的校训，回应社会现实问题的紧迫需求，是侯仁之在学术研究中念念不忘的准则。

侯仁之在少年时代便具有的现实关怀精神，随着年龄的增长日益成熟。早在禹贡学会时期，"侯仁之和白寿彝是禹贡学派中少数一手古代一手当代者"，而整个禹贡学派"其治学方法本于朴学考据……研究范围亦以古代史为主，且多本于考据之学。"[102] 侯仁之在《禹贡半月刊》上发表的文章，除了几篇考据性文章（如《燕云十六州考》）外，还有《记本年湘鄂赣四省水灾》《萨县新农试验场及其新村》《河北新村访问记》等。这几篇东西仿佛算不上典型的史地类别,但侯仁之显然对它们抱有热情。在他的理解中,这几件具有现实意义的事情与历史并非无缘。水灾,自古以来便是社会大患。新农村,是要从历史之中走出来,而"目前之西北命运,亦再难容于以往之半荒废状态"。[103]

历史研究可以解答今日的问题,这正是侯仁之对历史研究产生兴趣的缘故。这也成为一个特征,一直保持在侯仁之后来的历史地理研究中。在侯仁之最重视的研究领域中,如北京历史地理、城市历史地理、沙漠历史地理、环境变迁问题,无不浸透着经世致用的精神。

1961年,侯仁之50岁

讲北京

1962年在上海

1974年6月,在邯郸黑龙洞澄阳河上游

地质地理系1951、1952、1953级校友（1998）

地质地理系1958级校友（1998）

北京历史地理研究

20世纪50年代,侯仁之与梁思成交往日深,并到清华大学兼职,侯仁之的学术研究出现了新的面貌。"你研究历史地理能为北京城做什么?"梁思成之问,深深触动了侯仁之;回答这个问题,使北京城市历史地理研究获得了新起点。这个研究的新起点,不是埋首故纸堆里寻章摘句,而是紧密联系北京地区的建设事业。

北京是侯仁之心中的"圣城"。他对北京"知之愈深,爱之弥坚"。在侯仁之一生中,不知写过多少关于北京的学术专题论文和科普读物。侯仁之对北京城的研究兴趣源起于青年时代。1931年秋天,侯仁之初到北平。北京城浓烈的历史氛围,给了他极大的震撼。他说:

> 我作为一个青年学生,对当时被称作文化古城的北平,心怀向往,终于在一个初秋的傍晚,乘火车到达了前门车站(即现在的铁路工人俱乐部)。当我在暮色苍茫中随着拥挤的人群走出车站时,巍峨的正阳门城楼和浑厚的城墙蓦然出现在我眼前。一瞬之间,我好像忽然感到一种历史的真实。从这时起,一粒饱含生机的种子就埋在了我的心田之中。在相继而来的岁月里,尽管风雨飘摇,甚至狂飙陡起,摧屋拔木,但是这粒微小的种子,却一直处于萌芽状态。直到北平解放了,这历史的古城终于焕发了青春,于是埋藏在我心田中并已开始发芽的这粒种子,也就在阳光雨露的滋养中,迅速发育成长起来。正是因为这个原因,我对北京这座古城的城墙和城门,怀有某种亲切之感,是它启发了我的历史兴趣,把我引进了一座富丽堂皇的科学探讨的殿堂。[104]

前门（正阳门）火车站（20 世纪 30 年代）

1932 年秋，侯仁之开始了在燕京大学的学习生活。随着年龄的增长与学业进展，侯仁之产生了强烈的学术探索意识。而这个意识首先指向了北京城。在《北京都市地理》（狱中腹稿）中，侯

《北京是一座伟大美丽的城》（1951 年）

仁之说："我始终不能无所疑惑的，就是这座古城的存在，是否纯粹为历代帝王意志的产物？如其不然，那么它之所以能够发展为一个伟大的历史都会的地理原因，就应该是一个饶有兴味的问题。"

科学研究是一个念兹在兹的执着过程，北京历史地理问题深深扎根在侯仁之的心中，即使在狱中也没有放弃，侯仁之以十分坚毅的精神在北京历史地理研究的方向上一往无前。他选择的将历史与地理相结合的研究方法，开出了一条独特的学术道路。在利物浦大学完成的博士论文 An Historical Geography of Peiping(《北平历史地理》)中，侯仁之对北京地区的地形地貌、河道变迁、北京城从边疆重镇到王朝首都的发展过程、城市格局、城市人口等进行了系统的论述。这篇20世纪40年代撰写的博士论文代表了侯仁之北京历史地理研究第一阶段，是基础性的、开创性的成果。进入20世纪50年代，侯仁之的北京研究继续深入，提出了更多更重要的见解。

北京历史水文系统

在所有地理要素中，侯仁之对"水"最为重视。这在燕京大学读书时期已经开始，他所写的《靳辅治河始末》（学士学位论文，1936年）、《中国水利史》书评（1939年）就是明证。后来，从水源入手研究城市发展过程中的历史和现实问题，是侯仁之北京历史地理研究的特色。

历史上，海河是华北地区灾患频发的"害河"。1955年1月，中央政府部署海河流域规划编制，由水利部北京勘测设计研究院具体负责。侯仁之参加了这项工作，当年10月提供了参考资料，并用其中一部分完成论文《历史上海河流域的灌溉情况》，公开发表。

《治河沿革故事考》（1947年）

  1957年1月，侯仁之制定了滦河河口考察的研究项目，目的是"帮助海河流域规划"，准备与水利部合作。3月份，侯仁之出席在南京召开的中国科学院地理研究所学术委员会第二次会议，宣读论文《历史时期海河三角洲的变迁》（又名《历史时期渤海湾西部海岸线的变迁》）。

  1957年11月，《海河流域规划（草案）》编制完成，提出在潮白河修建密云、怀柔水库，在永定河修建官厅水库、三家店水库。这些北京地区的水利项目，是为了"兴利除弊"，满足北京市大规模经济建设对水需求的急剧增长。

  侯仁之深感水源的开发是北京城市发展过程中面临的首要问题，撰写了《北京都市发展过程中的水源问题》（1955年）。"把过去长时期内随着北京都市的发展而进行的一系列的开辟水源的工作，做一总结性的检查",并展望"人民首都水源开发的远景"。[105] 该文入选《全国高等学校已完成的重要科学研究题目汇编》(高等教育部科学研究司,1956年)。

《北京都市发展过程中的水源问题》(1955年)

侯仁之将官厅水库、永定河引水工程视为"改造首都自然环境的一个重要措施"。称此举"象征着我们胜利解决北京水源问题的新时代已经开始了,未来的'北京运河'的美丽壮观的远景已经在望了!这是改造首都自然环境的一个重要措施"。[106]

1958年4月,北京大学师生到十三陵水库进行义务劳动,侯仁之为师生讲解十三陵的历史地理,还撰写《山陵水库话英雄》进行宣传。

1956年5月,天安门广场人民英雄纪念碑工程在修建运送石料的铁路支线时,在前门城墙附近发现古河道。此事很快告诉了侯仁之、单士元。当时在北京市建设局工作的孔庆普回忆说:"当天下午,侯仁之带着一名助教来到现场察看,不一会儿,单士元先生也来了……侯教授说,根据历史资料中的记载,现在的永定河是古代桑干河的下

侯仁之在北京水库工地（20 世纪 50 年代）

游，古代在石景山附近曾有水闸，称'金门闸'。金门闸的下游有两条或三条较宽的河道。这条古河道应该是北边的一条穿过北京城的河道。"[107] 后来，在正阳门一带又发现类似情况，进一步证明了侯仁之的分析。孔庆普听到侯仁之的分析，高兴地说："史料中只有金门闸的记载，水闸下游的河道在何处？无记载，如今可开眼了。"

为迎接新中国成立十周年，中央决定在首都北京兴建十大建筑。十大建筑政治意义重大，北京市成立领导小组，由万里具体负责。[108]

建筑施工过程中，发现了埋藏地下数米深的一条古河床，这是首都城市建设的隐患。万里要求探查古河道的源流。侯仁之根据文献记载和钻探资料,发现在北京城市核心区的地下埋藏着不同时代、不同深度的五条古河道。后来,他复原了东西长安街至前三门地区的地下湮废河道,制作模型,并配上了说明书。[109]

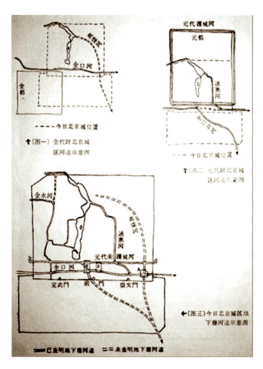

侯仁之研究北京地下古河道的初步成果图
(来源:国家科学技术委员会研究室《科学研究实验动态》
第737号,1966年2月)

深入解读北京城

新中国的建立,北京重为国家首都,对于这座有着悠久历史、万众仰慕的城市,需要做深入的研究、解读、宣讲。这既是政治、文化的需要,也是发展、建设的需要,其中有反思,也有展望。侯仁之的博士论文为他承担这一时代课题带来了优势,而历史地理学的视角,又使他的工作具有新鲜的、开创性的特色。

侯仁之在博士论文的基础上,对历史上北京城形态的发展演变过程进行了进一步细致的复原,先后撰写了《北京的地形背景与地理关系》(1950年)、《关于古代北京的几个问题》(1959年)、《历史上的北京城》(1962年)等论文,对北京城的城址选择、宏观地理特征、城市形态变化等进行了系统分析和讲述。在侯仁之的写作中,北京城渊远的历史得以清晰地展现在世人面前,读者从地理学的角度,理解了这座城市历久不衰的原因。

此外,侯仁之也写了一些脍炙人口的短文,面对广大读者,讲述北京城和北京地区建设的历史故事,例如《昆明湖的变迁》(1959年)、《颐和园话旧》(1961年)、《古代高梁河之谜》(1961年)、《北京城和刘伯温的关系》(1962年)等。这些科普性的文字,或者收入《步芳集》(1962年),或者收入地理小丛书,印成小册子,如《历史上的北京城》(1962年)。

很快,侯仁之在广大读者中获得了"北京通"的印象。为新生讲"历史上的北京城",几乎成了北京大学开学迎新活动中的保留节目。

侯仁之《历史上的北京城》诸版本　　《侯仁之讲北京》
（尹钧科选编）

"北京都市发展与变迁"讲座（2000年）

开创沙漠历史地理研究的方向

由于西北沙漠地带的扩大和蔓延日益严重，如何治理改造沙漠成为亟待解决的问题。1958年10月，国务院在内蒙古呼和浩特召开"西北六省区治理沙漠规划会议"（六省区是内蒙古、宁夏、陕西、甘肃、青海、新疆）。侯仁之代表北京大学地质地理系出席，会后组织多学科力量投入沙漠考察。

1959年1月，由中国科学院牵头，由中央、地方有关部门及高校等40多个单位共同组成治理沙漠的科研队伍。当年3月，北京大学地质地理系10位师生启程赴西北"向沙漠进军"。

1960年夏，侯仁之赴宁夏河东沙区；1961年夏，赴内蒙古乌兰布和沙漠；1962年夏，赴内蒙古及陕西榆林地区毛乌素沙地；1962年年底，由国务院农林办公室领导的治沙科学研究小组，考虑用十年时间（1963—1972）完成从内蒙古西部到新疆南部的沙漠考察设想，侯仁之根据这个计划，1963年夏再赴内蒙古乌兰布和沙漠；1964年夏，又赴陕西榆林地区及毛乌素沙地。

侯仁之的沙漠地区历史地理研究，开启了一个崭新的方向。他通过具体研究实例说明：历史地理学作为一个专业，参加沙漠考察不仅是应该的，而且是必要的，也是可行的。该研究方向将有力地推动历史地理学这门薄弱学科的发展。

在对沙漠地区的历史地理研究中，有两个问题最重要：一个是流沙的移动，另一个是沙漠的起源。侯仁之的研究实践，即毛乌素沙地研究与乌兰布和沙漠研究，在这些问题上都取得了重要成果。

当时，为配合包头钢铁基地建设，提供粮食、蔬菜和副食产品，国家决定在乌兰布和沙漠北部引水开渠，开垦农田。主办这一工程的单位曾报告给中央，讲到在开渠时，挖出很多坟墓。这一情况，引起了周恩来总理的注意，批示一定要查明究竟是什么人的墓葬，为什么埋到这里。总理的批示给历史地理工作者提出了问题，也开启了一个新的方向。[110]

在乌兰布和沙漠历史地理研究中，侯仁之邀请著名考古学家俞伟超同行，"把考古学与历史地理研究结合起来，使'挖墓掘土'的考古学发出了新鲜光彩"，[111]从而推进了多学科联合进行田野考察的新方法的发展。

侯仁之在乌兰布和沙漠考察（1961年）

沙漠考察，本身就很艰苦。侯仁之踏入西北沙区，又正好赶上物资供应匮乏的"三年困难时期"。张玮瑛回忆：

> 仁之凭着自己身体底子好和坚韧不拔的精神，始终斗志不减。一次乘坐的吉普车出事故翻进沟里，插在胸前口袋里的两支钢笔都折断了，他万幸没有受伤。白天冒酷暑出没沙丘，晚上和住地的老乡交谈。在旅途中随手写下的《沙行小记》及《沙行续记》是那一段经历的生动记录，充满了乐观与豪情。平日烟酒不沾的仁之，为了表示对当地习俗和地方领导的尊重，还在主桌席上敬酒回酒，直到主人和宾客一个个醉倒被搀扶而去，他还能应付自如——这还是最近我从当年随他进沙漠的学生那里听到的。[112]

侯仁之在乌兰布和沙漠考察途中访问当地居民（1961年）

琉璃河遗址

1972年，位于北京房山的琉璃河遗址进入侯仁之的视野。北京房山琉璃河遗址的线索发现于1945年。1972年10月，为配合学生考古田野教学实习，北京大学历史系考古专业与北京市文物管理处合作，到刘李店、董家林进行遗址发掘。几天后，考古探方有了一定深度，也开始出现一些古代陶片。有的探方还发现了灰坑。考古学所谓的灰坑大多是古人堆放弃物的地方，包含物很杂乱，但有一条，其断代会比较准确，是一个比较明确的时代堆积物。据唐晓峰回忆：

> 有一天上午，我们正在"挖土"，只见一位老先生与一位年轻些的女老师来到工地，北京文物队的郭仁对旁边人说："看，侯仁之来了。"我当时还不知道侯仁之是谁，但看郭仁的神态，明白来者肯定是位重要人物。
>
> 侯先生满头黑发，戴着一副深框眼镜，厚重、文雅。问过一些情况后，他们来到一处黄土断崖下，断崖上有我们刚

刚发现的古代"灰坑"刨面……侯先生指导那位女老师从灰坑断面上挖下一块土，放入塑料袋，填好标签，并解释说回去可以对样品做各种测试（比如孢粉）。见此情景，我心里生出疑问："这是什么学科，居然也来到考古工地？"多少年以后我才知道，这是历史地理学，是利用考古学的准确断代，进行历史环境复原研究。[113]

跟随侯先生来的女老师叫李文漪，是中国科学院地理研究所的。她当然也记得这件事：

> 侯先生从北京大学骑自行车亲自到地理所来找我，告诉我

侯仁之与李文漪

在北京西郊外发现一考古地点，可利用孢粉分析配合考古工作。他的这种抓紧时机、珍惜时间，和将孢粉分析引入考古，进行多学科综合研究的精神，给我很大鼓舞。[114]

西方学术论文翻译

即便是身处逆境，侯仁之也没有停止对历史地理学理论的探索。侯馥兴在整理侯仁之遗稿时，发现两篇译稿，这两篇译稿都是侯仁之1973年所做。

一篇翻译的是普林斯（Hugh Counsell Prince，1927—2013）的《真实的、想象的和抽象的过去时代的世界——历史地理学的三个领域》。普林斯当时是国际历史地理学界的领先者，曾任英国皇家地理学会（IBG）下设历史地理研究小组（the Historical Geography Research Group）的主席。这篇论文在当时是很新的文献，内容是对西方历史地理学新近发展的评述。侯仁之逐字逐句翻译全文，心情不难想见。

另一篇翻译的是巴策（Karl W. Butzer，1935—2016）的《史前期的环境、地理学与生态学》，巴策当时是威斯康星大学麦迪逊分校（UW-Madison）的副教授，后来任芝加哥大学（UChicago）教授，在环境考古学（Environmental Archaeology）领域声名显赫。这篇文章的内容正是侯仁之当时关注的问题，亟待参考。

侯仁之译文首页

这两篇精心的译稿，是侯仁之后半生仅有的译作。在原译稿的页边，有许多批注。可以看出，侯仁之是边译边思考的。这两篇译稿终于在 40 年后得以公开出版。

城市历史地理研究实践的扩展

从 1974 年开始，侯仁之获得机会，随北京大学城市规划小组先后在河北、山东等地的一些城市进行实地考察，从历史地理学的角度分析研究这些城市的发展演变过程，为规划工作提供参考。

北大地质地理系经济地理专业教师在邯郸（1974 年）
（左起：侯仁之，杨吾扬，仇为之，魏心镇）

1974 年年初，北京大学地质地理学系经济地理教研室拟定了本年第一季度工作安排，打算去邯郸市参加城市规划工作。按照预想："为从多方面摸索创办城市地理专业问题，经与邯郸市城建局联系，决定在 1974 年 2 月到 5 月参加邯郸城市规划工作。"[115]

当年 4 月，经济地理专业师生以"赴邯教育革命组"的名义奔赴河北邯郸。据亲历者董黎明回忆：

> 1974年，在教研室负责人魏心镇的带领下，包括侯先生在内的一行六人（仇为之、杨吾扬、董黎明、周一星），是首次到河北邯郸调研和参与规划研究，次年仍是这支基本队伍，在国家建委的支持下，承担了承德市城市总体规划的任务，1976年又与经济地理1975级学生一起赴山东淄博参加区域规划和辛店区城市规划。[116]

就这样，在"开门办学"的旗号下，侯仁之全力以赴，陆续参与了邯郸、承德、淄博三地的城市规划，对三座城市做了系统的历史地理研究。

在邯郸的工作进展顺利，两个月后，侯仁之就向邯郸市城市建设局、邯郸市革命委员会汇报了《邯郸城址的演变和城市兴衰的地理背景》。根据邯郸当地配合工作的申有顺回忆：

> 1974年，当我又住进市城建局后院招待所时，发现从北京来了6个人。他们都是从北京来的大教授，他们几个人每天天还没亮就起床，简单吃点饭，就背上测量仪器等工具出门，中午一般都不回来，晚上回来得也非常晚。饭后，又都到房子里你一句我一句地争论至半夜还不休息。[117]

周一星对那次邯郸之行也是难忘的：

> 1974年通过在邯郸城市建设局工作的校友，参与邯郸城市总体规划，既搞环境调查，又搞总体布局，逐渐进入城市规划的核心……回想70年代到各地做城市规划的经历，心头仍感暖意。当时，上自侯仁之、仇为之这样的老教授，下至我这样最年轻的助教，都一样自带铺盖，同睡通铺，同吃

粗茶淡饭。大家对接纳我们的规划单位发自内心地感激，没有一丝取得报酬的想法，一心想的是为了专业的生存和学生的出路，如何为地方多做贡献。老师们各显其能，通力合作，完成任务。[118]

侯仁之对邯郸古城的研究，虽然是在特殊时期，但仍在邯郸乃至河北省引起了不小的轰动。市革委会专门听取了侯仁之一行的汇报，市内不少单位接连聘请侯仁之作报告，"有时一天要作两个报告"。2005年12月，邯郸当地派代表来京祝贺侯仁之95岁寿诞。侯仁之感谢邯郸人民的热情，一再说："谢谢！谢谢！我要感谢邯郸人民……邯郸人民看得起我。"[119]

1975年6月15日，"开门办学"的地点转到河北承德。受国家基本建设委员会规划处的推荐，北京大学经济地理专业负责承德市的城市总体规划编制。8月15日，工作告一段落。侯仁之完成的《承德市城市发展的特点和它的改造》在9月付印。

当时一起做规划的董黎明回忆：

> 1975年夏在承德是"真枪真刀"承担城市总体规划编制的任务。侯仁之通过对承德形成发展过程的系统研究，为制订承德发展的规划方案提供了坚实的科学依据。他解决了最关键同时也是争议最大的问题"未来的承德应建成一个什么样的城市？"在极"左"思潮盛行的年代，绝大部分省市领导都主张将承德定性为"社会主义生产城市"。侯仁之力排众议，提出"把承德市逐步改造为一个社会主义风景游览城市"的意见。侯先生的基本观点，成为北大

编制城市规划的核心内容,得到原国家建委城市规划部门的充分肯定,最终获准通过。[120]

北京大学地质地理系承德城市规划组在避暑山庄(1975年)
(左起:1. 董黎明;2. 侯仁之;4. 仇为之;6. 周一星)

1978年9月18日,时任国务院副总理谷牧考察避暑山庄,在与承德当地领导谈话时说"我看了侯仁之讲的……仁之写的那一篇对我们很有帮助"。[121]这篇文章,显然就是《承德市城市发展的特点和它的改造》。

1976年4月,侯仁之又来到山东淄博,随经济地理(城市规划)专业师生以辛店城建局大院为驻地,继续"开门办学"。根据董黎明的回忆,在淄博的"开门办学"与以往有所不同,"将课堂由校园搬到现场,老师与1975级的学生共同在一起边教学,边规划"。

《承德市城市发展的特点和它的改造》书影(1975年9月)

在诸多课程中,无疑侯先生的课最受欢迎,因为他不仅有极高的学术造诣,生动、幽默的讲课技巧,重要的是他讲课的主题——齐都临淄城的兴起与规划,对规划工作更具有指导意义……课堂外更大的收获来自侯先生率领我们赴临淄古城的一次实地考察。[122]

临淄是春秋战国时期齐国的都城。侯仁之系统考察了淄博城的自然环境和区域交通地理特征,据此总结认为:研究一个城市的起源和发展,绝对不能忽视对于整个地区的开发过程以及由此而引起的地理环境的变化和经济活动、交通状况等历史文化景观的变迁。因此研究一个城市的历史地理,也必须结合整个地区的历史地理进行综合探讨。这样,历史地理的研究不仅对城市规划工作,也同样对区域规划工作,是可以有所贡献的。

上述观点,见于侯仁之1976年12月28日写完的《淄博市主要城镇的起源和发展》一文。1977年9月,报告由淄博市基本建设委员会印行。

北京大学经济地理专业师生在淄博"开门办学"（1976 年 11 月）
（二排：左 4. 侯仁之；右 2. 徐兆奎）

侯仁之每考察一个城市，都要写出内容详尽的工作报告，并提出指导性的意见。这些工作报告成为城市历史地理研究的代表作，收入侯仁之的《历史地理学的理论与实践》（1979 年）。这些文章表明，侯仁之所开创的城市历史地理研究得到了更丰富的实践并由此获得了大幅度的学术提升。

侯仁之题赠顾颉刚《淄博市主要城镇的起源和发展》

侯仁之画传（下）

科学的春天

1978年3月中下旬，全国科学大会在北京召开，我国迎来了"科学的春天"。侯仁之亲身经历了这次盛事，开启了"老教授的新长征"。他与周培源、张龙翔、陈佳洱等来自北京大学的学者一同与会，深受鼓舞。自此，侯仁之几乎所有中断的研究都获得重新起步，并向前拓展。

全国科学大会结束后不久，北京大学举办了为期半个月的庆祝建校八十周年五四科学讨论会。侯仁之作了题为"开展历史地理学研究的意见"的报告，再一次为发展历史地理这门薄弱学科而呼吁。报告正式刊发后，定名为《历史地理学的理论与实践》。

侯仁之对于历史地理学的本质，没有停止思考。在时间这个轴线上，地理学所强调的人地关系问题，是在什么历史阶段开始具有讨论意义的呢？侯仁之受到考古学的推动，把人地关系问题的

参加全国科学大会分组讨论（1978年3月）
（右起：1. 陈佳洱；2. 周培源；3. 侯仁之；4. 张龙翔）

侯仁之作"开展历史地理学研究的意见"的报告
（1978年5月）

起点从文献记载时期延伸到考古遗存丰富的新石器时代,即农业与定居聚落出现的时代。

在一次次被实践中的具体事实触动后,侯仁之终于总结出一个系统性的全面研究环境变迁的地理学理论。

侯仁之的历史地理研究,始终是理论与实践并重。1993年暑假,侯仁之计划带领学生去内蒙古赤峰市考察,开展环境变迁研究实践探索。不料,大雨冲垮了路基,火车开到京郊怀柔就返回了,这一次野外考察就这样结束了。这是侯仁之一生中最后的一次长途野外考察,那时,他82岁。

侯仁之在83岁时,把自己主要的理论文章集成一本书,名为《历史地理学四论》(1994年)。其中,四篇核心文章是《历史地理学刍议》《历史地理学的理论与实践》《再论历史地理学的理论与实践》《历史地理学研究中的认识问题》。侯仁之在序言中说,他的城市历史地理研究、西北沙区历史地理考察"都是力求在理论联系实际的前提下进行的,而实践的过程又进一步促进了自己在理论上的发展"。[123] 为了更好地说明理论与实践的互动关系,侯仁之在书中又配上四篇文章作"附录",以此说明"四论"的实践意义。

《历史地理学四论》

不忘沙漠研究

由于"文化大革命"而中断的沙漠考察,是侯仁之惦记于心的。1978年全国科学大会召开之后,侯仁之立即重整行装,奔赴十多年来一直不能忘怀的大西北沙区。

在《光明日报》记者笔下:"凌晨五点,友谊宾馆庭院的松树上空还飘溢着淡淡的夜雾,一个头发稍稍有些花白的科学家,像一个运动员,迈着矫健的步伐,沿着宾馆中纵横交错的柏油马路开始了长跑……"[124]此人正是侯仁之。当时,他应中国科学院兰州冰川冻土沙漠研究所之邀,准备前往新疆塔克拉玛干沙漠,继续中断已久的沙漠历史地理考察。不服老的侯仁之坚持长跑,为野外考察储备体能。

1978年6月,侯仁之与俞伟超、王炳华、马雍等参加中国科学院沙漠研究综合考察队,考察内蒙古的古居延城遗址和古居延泽、甘肃的汉龙勒城和阳关故址。重新踏上沙漠考察之路,侯仁之"感到有一种青春的活力在推动着我和浩浩荡荡的科学教育文化大军一道前进"。

侯仁之(右1)在额济纳考察

其间,应甘肃省科学技术协会之邀,侯仁之作了题为"居延和阳关地区沙漠化的初步考察"的报告。他说"在这次考察中,我学习到从书本上没法学到的东西",纸上得来终觉浅,绝知此事要躬行。

配合城市规划

1978年的整个夏天,侯仁之都在西北地区做考察工作。8月底,"文化大革命"后首批研究生招生工作结束,侯仁之录取了尹钧科、于希贤、唐晓峰三名研究生。这三名研究生还没有正式报到,侯仁之便安排他们前往安徽芜湖,结合当地的城市规划工作,跟随自己进行历史地理专题研究。

侯仁之与张景哲、仇为之、徐兆奎、魏新镇、杨吾扬、谢凝高、董黎明、周一星等10余位北京大学教师参加了在芜湖的工作,涉及历史地理、工业地理、交通运输地理、人口地理、城市气候、建筑与居住区规划等。用周一星的话说,经济地理"教研室老师倾巢出动"。

研究生唐晓峰"从塞外直奔长江之畔的芜湖",据他回忆:

> 研究一个城市的历史地理,怎样着眼,从哪里着手?我虽读过侯先生关于北京城的研究,还能背下不少段落,但当面临一座陌生的城市时,还是不知进入问题的路径。在讨论中,侯先生提示我们,要注意芜湖地区与城市发展有关系的各种区域地理要素,并考察它们对城市发展所起的不同作用,尤其是在时间中的变异。侯先生的这一提示,启发了我们的思路。[125]

循着侯仁之的指引,他们发现:芜湖地区有长江、青弋江、平原（早期却是沼泽）、山丘，这些自然要素在人类的行为中被组合起来，结合人文要素，即农田、聚落、交通等，形成一套系统，城市正是这个系统的核心。

当年10月，芜湖的城市规划告一段落。北京大学师生完成了《芜湖市总体规划方案》《关于芜裕铁路枢纽的调查报告》等三项专题研究，绘制了近20张规划图。[126]

在侯仁之的指导下，历史地理专业的学生合作完成了芜湖城市历史地理的研究，写出了报告《芜湖市城市地理概述》。后来，报告以《芜湖的聚落起源、城市发展、及其规律的探讨》为题发表在《安徽师范大学学报》（1980年第2期）上。

周一星认为，侯仁之"提出了芜湖城址的演变过程，从最早依托内陆小河运输的鸠兹，到依托大河运输的鸡毛山，再到沿青弋江的'十里长街'老城和大河入江的'二江口'，再沿长江北上。这是一个很有意义的城市发展史的个案研究。"[127]

侯仁之根据多次参与城市规划的实践经验，1979年总结为《城市历史地理的研究与城市规划》一文。文章指出"我国现有的重要城市，绝大多数是在封建社会里成长起来的，其中有些城市的起源，还可以上溯到奴隶社会时期。这些历史悠久的旧城市，除某种共性之外，还无不具有本身的发展规律和特点，充分揭示其规律和特点，既是城市历史地理研究的重要任务，又是改造旧城市所必不可少的知识，因此这样的研究也是城市规划工作所不容忽视的。"[128]

后来，侯仁之的研究生陆续参加了安徽阜阳、山东济宁、江西赣州、浙江嘉兴等地的城市规划。研究生们在这些实践中，体会到历史地理学与当代建设事业的密切关系。

出席中国城市规划设计研究院40周年院庆（1994年）
（左起：周干峙，夏宗玕，任震英，曹洪涛，侯仁之，王文克，邹德慈）

与中国城市规划学会同人合影（1994年）
（左起：任震英，夏宗玕，侯仁之，洪怡三，吴良镛）

北京城古今建设的里程碑

1949年后,经过三四十年的建设发展,北京城有了很大的变化。侯仁之跟随北京变化的脚步,对北京城的传统特色和新近的发展,做了进一步的阐释和总结,撰写了《元大都城与明清北京城》(1977年)、《北京旧城平面设计的改造》(1973年)、《天安门广场:从宫廷广场到人民广场的演变和改造》(1977年)、《论北京旧城的改造》(1982年)、《北京紫禁城在规划设计上的继承与发展》(1993年)等论文。

1990年,北京成功举办亚洲运动会(亚运会),北京城的国际形象得到前所未有的呈现。由于北京亚运会的召开,国家奥林匹克体育中心得以建成。面对这一城市建设的重要进展,侯仁之总结出北京城市发展的"三个里程碑"。侯仁之阐述如下:

> 第一个里程碑是历史上北京城的中心建筑紫禁城。它的建成至今已有五百七十余年,代表的是封建王朝统治时期北京城市建设的核心,也是中国传统建筑艺术的一大杰作。到今天它依然屹立在全城空间结构的中心,但已不仅仅是中国人民的艺术财富,而且已被列为"世界文化遗产",享誉全球。
>
> 第二个里程碑就是新中国成立之后,在北京城的空间结构上,突出地标志着一个新时代已经来临的天安门广场。它赋予具有悠久传统的全城中轴线以崭新的意义,显示出在城市建设上"古为今用,推陈出新"的时代特征,在文化传统上有着承先启后的特殊含义。
>
> 第三个里程碑如上所述,最初是由于亚运会的召开和国家奥林匹克体育中心的兴建,才开始显示出北京走向国际性大城市的时代已经到来。[129]

值得注意到的是，这"三个里程碑"都立足于北京城中轴线及其延长线上。

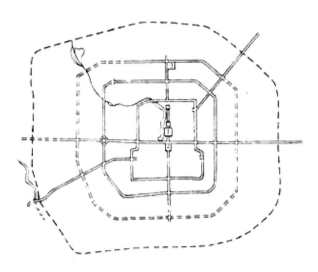

北京城市规划建设中的"三个里程碑"
（说明：1. 紫禁城（今故宫博物院）；2. 天安门广场；3. 国家奥林匹克体育中心）

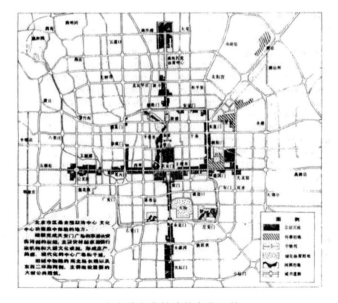

北京城市中轴线的向北延伸

在北京成功举办亚运会之后的第11年,北京又获得了夏季奥林匹克运动会(奥运会)的主办权(2001年)。为此,一个更新更重要的建设任务落在了城市建设者们的身上。

2002年7月29日,《北京日报》上刊登了这样一条报道:"北京历史地理研究的权威学者,北京大学教授侯仁之在接受新华社记者采访时提出,能否借鉴明代挖掘紫禁城护城河并以其土堆景山的方式设计中轴线的末端?"报道还说,"中外建筑设计大师与侯仁之不谋而合。把中轴线'融化'于湖光山色之中,成为了诸多设计高手们的一致追求。"[130]

位于北京中轴线北延部分"末端"的仰山(刘晶提供)

此设计中所谓的堆土为山,就是今天我们看到的奥林匹克森林公园的仰山,它恰在北京中轴线的延长线上。

上宅遗址

自 1973 年起,侯先生连续撰写了多篇理论文章,在内容与语气上,越来越着重于一个理论问题,即历史地理学研究的时代应该上溯到第四纪的中期,而不应只限于有文字记载的历史时期。这成为侯仁之晚年期望的历史地理研究的新领域。而这一领域的提出与强调,是侯仁之思想的进一步发展。

关于北京地区的早期研究,他曾赞赏贾兰坡、周昆叔的两篇研究论文,即《北京东郊泥炭层中的动物遗骸和角制工具》(贾兰坡 等,1977 年)、《北京平原第四纪晚期花粉分析及其意义》(周昆叔 等,1978 年)。"这两篇论文还对北京平原地区未遭人类活动影响以前的原始景观,包括气候的变化以及动植物的分布在内,进行了'复原'的工作。"贾兰坡、周昆叔二人的研究提供了可靠的起点,侯仁之认为"历史地理工作者应该从这里着手,继续探索下去,一直和今天北京地区自然面貌的形成联系起来,描绘出一幅全面发展演变的画卷。"[131] 这里,"画卷"一词表达了侯仁之的一种理想色彩的期待。

20 世纪 80 年代发现的平谷上宅遗址,是北京地区首次发现的内容丰富的新石器文化遗址,对北京地区有特殊意义,也为侯仁之所设想的研究计划提供了难得的机会。

1985 年 10 月,侯仁之亲临平谷上宅遗址发掘现场。当年 11 月,侯仁之再赴平谷考察上宅遗址并指导研究工作。

平谷上宅文化遗址发掘现场（1985年）

1986年5月，侯仁之以北京文物古迹保护委员会主任委员的身份，邀请部分在京的考古、地理、地质等学科专家，在平谷召开了上宅遗址学术研讨会，明确指出了上宅遗址对于北京历史地理研究的意义。1988年5月，北京市文物事业管理局在平谷召开上宅遗址综合研究会议，侯仁之、王乃梁、俞伟超、周昆叔等出席。所谓综合研究，即包括对古环境的研究。

另据主持上宅遗址发掘研究工作的考古学家赵福生回忆，侯仁之曾对他说：考虑历史地理学的进一步发展，一定要与考古学相结合。侯仁之在给市领导的信中说"北京历史文化悠久，西有周口店，东有上宅遗址，东西辉映，衬托出北京古老的文化底蕴"。

侯仁之考察上宅遗址并指导工作
（左2. 侯仁之；左3. 赵福生）

早在 1973 年翻译《史前期的环境、地理学与生态学》一文的时候，侯仁之就了解到英国已经成立了环境考古学会的事情，认识到这类研究的前景。1987 年 2 月 14 日，侯仁之与周昆叔等应北京市文物事业管理局之邀到府学胡同参加上宅遗址研究工作会议，提议成立"北京市文物古迹保护委员会环境考古分委员会"，开展平谷史前时期环境变迁研究。侯仁之对周昆叔的基于孢粉分析的古环境研究工作曾给予极大支持，周昆叔随后在环境考古学的发展上做出重要贡献。关于北京环境考古学会的成立，是侯仁之心存多年的愿望。

周昆叔说："环境考古"概念最初在平谷上宅提出，后扩展到整个北京地区。后来，又在俞伟超的推动下扩展到黄河中游地区。最终，全国各地都开展这一研究。[132]1990 年 10 月，中国考古学会、中国第四纪研究委员会等单位在西安临潼举办首届中国环境考古学术讨论会，侯仁之、苏秉琦、刘东生、贾兰坡等为会议题词，侯仁之写道："史前环境考古是历史地理学必不可少的延伸，历史时期环境考古更是历史地理学的重要内容。"[133]

《北京历史地图集》

地图是地理学的第二语言，侯仁之从历史学转向地理学后，难免不与地图打交道。编绘历史地图，更是历史地理学者的基础性工作。早在禹贡学会期间，侯仁之曾受命校订地图底本。在英国留学期间，侯仁之选修了"制图实习"课程。撰写博士论文时，他亲手绘制了所有地图。

1965年春夏之间，侯仁之向北京副市长万里汇报关于北京地下古河道埋藏情况的研究成果。万里传达了周恩来总理的意见。意见指出：

> 像北京这样一座历史悠久的城市，从城内到郊区，历代变化十分复杂，只是用文字来描述不同时代的一些变化，很难讲得清楚，最好用不同时代的地图来表示。[134]

于是，侯仁之再次提出编制北京历史地图集的要求。当时，他"兼任北京市人民委员会委员，更加认为这也是分内之事"。[135]接着，侯仁之与北京市城市规划管理局副局长周永源磋商，立即着手进行工作。始料未及的是，"社会主义教育运动"来了，"文化大革命"也来了。受"运动"的干扰，北京历史地图集的编纂计划停顿下来，一搁十余年。[136]

直到改革开放时期的到来，侯仁之终于等到了编制北京历史地图集的时机。1979年，在北京市领导的支持下，《北京历史地图集》编委会正式成立，侯仁之任主编，组成人员来自北京大学、中国社会科学院考古研究所、北京社会科学院历史研究所、中国科学院地理研究所、北京市文物工作队、北京市测绘处等单位。

　　侯仁之历来强调野外考察在历史地理研究中的关键性作用,在《北京历史地图集》的编纂过程中也强调"野外考察是解决文献或传说中关于历史地理疑难问题的重要手段"。为此,编纂队伍进行了50多次野外考察,行程数千千米,考察地点涉及京津冀的35个县区。

侯仁之率《北京历史地图集》成员考察团河行宫遗址
（左起：张传玺，俞美尔，侯仁之，尹钧科）

　　经过近10年的不懈努力,以行政区划和城市平面特征为主要内容的《北京历史地图集》第一集于1988年出版。图集初步完成之时,侯仁之邀请时任国务院副总理万里为图集题写了书名。

　　《北京历史地图集》出版后,得到了学界的认可,谭其骧在1988年11月5日致信侯仁之,对地图集有如下评价："深感研订之精确,编制之得体,印刷之精美,皆属上乘。诚足为历史地图

《北京历史地图集》书影（1988年）

之表率。惟实地考察至五十余次之多，行程达五千余公里……是此册之出版不仅对研究北京之历史地理有重大价值，亦可为全国编制省级历史地图之楷模也。"[137]

1989年3月4日，英国导师达比致信侯仁之，评价"这是一部很漂亮的书，送上我的祝贺，你一定为自己出色的工作感到自豪。对历史地理学来说，这是一份杰出的贡献"。达比后来将这部《北京历史地图集》转赠李约瑟图书馆，以便使更多的人能够阅读它。李约瑟遂专门致信侯仁之，表示赞赏与谢意。

不过，侯仁之关于编辑历史地图集的目标并不止于此，他说：历史地图不同于读史地图，历史地图要尽可能展现一个区域在历史时期全面的地理变化。在第一集的前言中，侯仁之十分明确地表示：

> 实际上这还只是一部北京市政区与城市的沿革图。如果按照一部历史地图集的严格要求来说，还必须增加其他一系列有重要内容的图幅，例如历代人口的分布、交通的变迁、经济与社会的发展以及自然环境诸要素的变化等等，这样才能看到北京城及整个郊区发展演变的全貌……如果说目前这部图集只能看作是《北京历史地图集》初编的话，那么就应该期待着还有二编、三编相继问世。[138]

按照侯仁之的预想，"第二部图集主要包括新石器时代北京地区的自然环境特征和主要原始聚落的分布。实际上这就是本地区内人类活动在大自然的环境中开始打上自己生活烙印的初步情况。第三部图集主要表现的，则是根据文字记载以及考察研究所能表示的北京市历代人口的分布、水陆交通的变迁、农田水利的开发以及可能表现的经济文化现象。这三部图集，既是历史地理科学研究的成果，又是进一步探讨北京地区数千年来人地关系的必要参考。"[139]

《北京历史地图集》的第二集于1997年2月正式出版。这部图集在时间上"上溯到有文字直接记载以前、北京地区原始农业的萌芽和最初居民点在平原上出现的时期"，协同考古工作者、第四纪地质和地貌工作者，通力合作，呈现出"这段时序内自然环境演变与人类活动的空间分布、时间过程和人地关系。"[140] 与第一集一样，第二集的编纂同样重视野外考察，20余人，踏勘了北京平原及山区的多处遗址。

按照侯仁之的计划，北京历史地图集的编纂并未止步，修订和新编仍在持续。以文化生态环境为主要内容的《北京历史地图集》第二集修订版、以社会文化为主要内容的第三集，先后完成，整部地图集于2013年后出齐，面世。

《北京历史地图集》（第一集）最后修订本

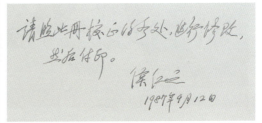

侯仁之在《北京历史地图集》（第一集）最后修订本上的批语

《北京历史地图集》（第二集）例会（1988年）

《北京历史地图集》编辑工作会议（2000年9月14日）

三卷本的《北京历史地图集》正式向社会公开发行，这是一项很大的学术工程，前后持续30多年。

《北京历史地图集》三卷本书影

历史文化名城保护

北京市文物古迹保护（管理）委员会是北京市人民政府于20世纪80年代成立的北京历史文化名城、文物保护的咨询机构，侯仁之担任北京市文物古迹保护委员会主任委员，负有重要责任。

侯仁之并非考古文博领域的专家，被推举为主任委员，这是众望所归。侯仁之表示"我比大家长几岁，这副担子我挑了。这副担子很重啊，大家一起帮我挑！"[141]与他一起"挑担子"的，则是吴良镛、单士元、罗哲文、张开济、张铮、郑孝燮、李准、赵冬日等人。

北京市文物古迹保护委员会合影（20世纪80年代）
（前排左起：5. 侯仁之；6. 夏鼐；8. 单士元；二排左起：3. 吴良镛）

在这个领域，侯仁之十分尽力，而这时，他已经七十开外了。在这个位置上，侯仁之持续工作了近20年。

保护卢沟桥

卢沟桥，始建于金大定二十九年（1189），外国人又把它叫作"马可波罗桥（Marco Polo Bridge）"，是自北京南行的重要渡口，也是古代名胜，"卢沟晓月"名列燕京八景。1937年"七七"卢沟桥事变标志着中华民族全面抗战的开始，政治意义巨大。而卢沟桥本身，"作为足以显示古代劳动人民的工程技术和艺术才能的个体建筑来说，它得以完整地保存到今天，实在是至可宝贵的"。[142]

遗憾的是，卢沟桥在清末民初已经年久失修，破败不堪。后来，又几次处于"不堪重负"的窘境。

根据北京市文物局孔繁峙局长介绍，在20世纪80年代以前，卢沟桥一直作为现代交通桥梁使用，每天有大量的载重车辆，不断从桥上经过，对古桥的保护产生不良影响。1985年7月，侯仁之提请市政府保护好卢沟桥。

为此，侯仁之还特意写出了《保护卢沟桥刻不容缓》的文章，指出"如不进行根本的维修和保护，甚至继续强行通过超限大件重载车辆，势必造成不可弥补的损失"。[143]文章发表在1985年8月15日的报纸上，这一天正是抗日战争胜利40周年纪念日。

侯仁之在卢沟桥调研（1985年）

北京市政府迅速做出反应，决定自8月24日开始，卢沟桥禁止机动车和兽力车通行。这座古桥从此正式"退役"并得到妥善保护。同时，市政府成立卢沟桥历史文物修复委员会，设立卢沟桥修复工程指挥部。侯仁之与单士元、罗哲文、郑孝燮、魏传统、侯镜如等人被聘为顾问，继续建言咨政。

1990年12月20日，侯仁之出席卢沟桥修复工程竣工验收仪式。至此，卢沟桥的保护问题告一段落。现在，卢沟桥连同桥东侧的宛平城，已经成为北京著名的文物景点和重要的爱国主义教育基地。

侯仁之在卢沟桥（2000年10月）

从莲花池到后门桥

建设北京西客站的计划始于20世纪70年代，设计决定北京西客站站址方案在莲花池以东，当时的莲花池一带有大片空地，施工条件便利，拆迁量不大。但是，侯仁之认为，莲花池这个地方与北京城市的起源有密切关系，意义重大，新建火车站，应当避让莲花池。

侯仁之的建议，得到了有关部门的重视。1993年1月，北京西客站工程破土动工。主楼位置东移，使莲花池得以完整保留。

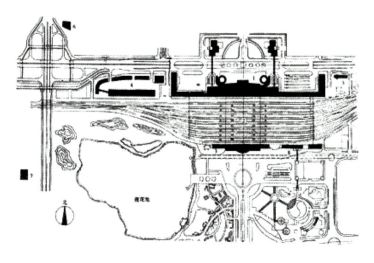

北京西客站平面图
（来源：《北京西客站工程建设技术》，中国建筑工业出版社，1999年，第5页）

侯仁之、张玮瑛在莲花池畔（2000年10月）

在北京城里，另一处令侯仁之萦绕于怀的地方是什刹海。没有当初的什刹海，就没有北京城南北中轴线及沿中轴线的整个城市布局。侯仁之还指出，什刹海及其周围一带，是老北京最具有人民性的地方，是具有"强烈的人民性、群众性"的"民间的乐园"，[144]是"富有人民性之市井宝地"。[145] 作为新时代文化生活活动中心，什刹海的开发应该提到全城社会发展的战略高度加以考虑。

1998年4月28日下午，北京市委中心组进行第六次学习。87岁的侯仁之应邀前去作报告，介绍北京城市的历史。他的报告题目就是"从莲花池到后门桥"。侯仁之讲道：北京最初建城为"蓟"，莲花池的水是蓟城的生命之源。关于"后门桥"，它的正式名称是"万宁桥"。侯仁之指出：大都城规划的起点，严格地讲，就是后门桥，在这座桥的位置确定了全城中轴线的位置，所以历史意义很重要。

侯仁之的报告，受到市领导充分的重视，他的建议也被正式采纳。两个月后，莲花池恢复改造工程正式启动。其后，后门桥的整治修复工程也开始动工。在清理后门桥河道时，发现了几个雕刻的石兽，它们原是后门桥东西两侧的镇水兽。现在的莲花池，清水荡漾，已经成为了一个人们喜爱的公园。

万宁桥（李零提供）

2000年侯仁之接到北京市领导来函,请他为后门桥西侧新造的一座供游人通行的石桥命名并题字。侯仁之接受了此任,他在复函中写道:

> ……考虑到桥名必须便于称道,又应与什刹海上的风物相结合,因而联想到前后海之间有银锭桥,创自明朝中叶,立足桥上,西山在望,遂有"银锭观山"之称。联想及此,因而建议前海东岸新建石桥即命名为金锭桥,这样什刹海上前后两桥,金银并称,不仅便于记忆,而且与金锭桥隔海相望的西北岸上原有胡同两处,即以大小金丝套为名。联想至此,更加有助于此新桥之命名。最近在春节期间,有便以金锭桥之命名,征求相会诸位好友之意见,无不欣然同意。敢以奉闻,尚祈裁夺为盼。[146]

侯仁之的建议被接受,"金锭桥"就此得名。2001年4月,石桥竣工,桥上镌刻侯仁之题写的"金锭桥"。

侯仁之与北京市副市长汪光焘商讨金锭桥的命名与题字(2001年)

金锭桥及侯仁之题写的"金锭桥"名

"中国理想都城"的中轴线

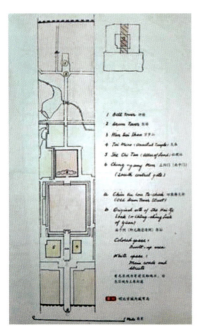

明北京城内城布局（侯仁之手绘）

在博士论文中，侯仁之已经注意到明清北京城里建筑中轴线的存在，并将其与古埃及神庙的平面结构进行了参照对比。

明代嘉靖年间，"全城的中轴线更向南延伸，经过天坛与山川坛之间，直到外城南面正中的永定门。这样全城明显可见的中轴线，南起永定门，北至钟鼓楼，全长几达八公里，这在旧日的城市规划中是极为罕见的。"[147]进而，侯仁之指出，明清北京城"达到了在封建社会的城市建筑史上可以说是登峰造极的程度","在封建时代一切都城的设计中,算是最为突出的一个典型。"[148]

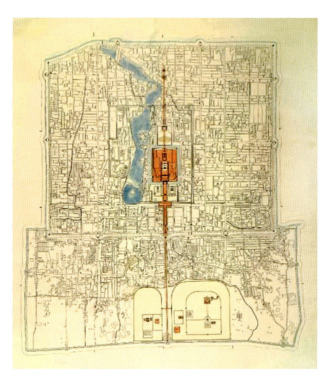

北京城中轴线示意图（侯仁之存图）

中国学者关于北京中轴线的研究,引起了外国有关学者的重视,侯仁之在利物浦时期的同学,美国芝加哥大学著名教授卫德礼(Paul Wheatley,1921—1999),也对北京城中轴线进行了观察和论述。他在《四方之极》(*The Pivot of the Four Quarters*)这部影响甚大的有关城市历史的著作中说:"应该看到在中国城市中这条南北轴线的功能,和欧洲巴洛克式城市中的街景大道是很不相同的。后者的设计使得处于远方尽头处的建筑物在展望中显示其位居中心的重要性。中国城市中的中心大路的重要性,不在于视觉上的突出,而在于其象征意义。"[149]

2024年7月,在联合国教科文组织第46届世界遗产大会上,"北京中轴线——中国理想都城秩序的杰作(Beijing Central Axis: A Building Ensemble Exhibiting the Ideal Order of the Chinese Capital)"被列入《世界遗产名录》。北京中轴线包括钟鼓楼、万宁桥、景山、故宫、端门、天安门、外金水桥、太庙、社稷坛、天安门广场及建筑群、正阳门、南段道路遗存、天坛、先农坛、永定门等15处构成要素。名列世界遗产,说明北京中轴线的文化价值和思想内涵得到了世界性的认可。而侯仁之正是这座"中国理想都城"的知音和代言人。

纪念性地标

为了提升北京城市历史纪念性景观的显示度,需要在特定的地点树立纪念碑或纪念柱。无论是政府还是民间人士,都认为侯仁之是最合适为纪念景观撰写纪念性文字的人选。侯仁之对这项公益事情十分热心,他认为,借书碑以述说历史、启迪世人,是历史地理学家应尽的责任。在侯仁之为北京城历史文化地标所撰写的各类碑记中,《北京建城记》《北京建都记》应该是最重要的。

《北京建城记》

1995年,为纪念北京建城3040年,北京市在宣武区广安门外的滨河公园建起一座"蓟城纪念柱"。为郑重其事,特请侯仁之撰写了《北京建城记》碑文。其文曰:

> 北京建城之始,其名曰蓟。《礼记·乐记》载,孔子授徒曰:"武王克殷反商,未及下车而封黄帝之后于蓟。"《史记·燕召公世家》称:"周武王之灭纣,封召公于北燕。"燕在蓟

之西南约百里。春秋时期，燕并蓟，移治蓟城。蓟城核心部位在今宣武区，地近华北大平原北端，系中原与塞上来往交通之枢纽。

……

综上所述，今日北京城起源于蓟，蓟城之中心在宣武区。其地承前启后，源远流长。立石为记，永志不忘。时在纪念北京建城之三千又四十年。[150]

侯仁之《迎接北京建城3035周年》手稿（1990年）　　侯仁之《北京建城记》手稿

《北京建城记》石碑（2002年7月修订）

《北京建都记》

在北京历史上，金代将都城从北方迁至燕京城（今北京城前身），为金中都，开启了北京作为王朝首都的历史。金中都位于北京市宣武区（今属西城区）西部，以广安门一带为核心。由于历史原因，金中都沦为废墟，地面宫殿建筑荡然无存。侯仁之说："解放初期，就在这里中间偏南的地方，还可以看到金朝中都城内宫殿被毁的废墟。残破的琉璃瓦片，在掘开的地面下，随处可以见到。甚至还有人在距此以北不远地方，捡到了战国时代的瓦当。"可是，令他感到遗憾的是，"这一切没有引起应有的重视，未曾经过考古发掘，就被湮没在广安门南滨河路的新建区之中了"。

1983年12月6日，宣武区人民政府提交了关于建设滨河公园的初步方案。得知消息后，侯仁之似乎看到了金中都"起死回生"的希望。他为《北京日报》撰文，表达了自己的建议和想法：

> 我认为"滨河公园"设计之可贵，就在于它多少补救了一点过去城市规划设计的不足，使这一带颇有历史意义的地区，又开始有了一点"起死回生"之机……在建成后的"滨河公园"里设法说明这一块地方历史悠久，古代劳动人民曾经被迫在这里为封建帝王进行过大规模的修建工程，为此不知洒下了多少血和汗，而今已经变成了人民群众游憩的公园。像这样的一个变化也是永远值得纪念的。[151]

考察金中都水关遗址发掘现场
（左起：1. 单士元；2. 罗哲文；4. 侯仁之；6. 赵福生；9. 苏天钧）

2003年为金中都建立850周年。宣武区政府约请侯仁之为建都纪念碑撰写碑文，是为《北京建都记》，文中曰：

> 北京古城肇兴于周初之分封，初为蓟。及辽代，建南京，又称燕京，为陪都。金朝继起，于贞元元年即公元一一五三年，迁都燕京，营建中都，此乃北京正式建都之始。其城址之中心，在今宣武区广安门南。
>
> ……
>
> 中都近郊建有行宫多处，其最著名者为万宁宫，故址在今北海公园处。元朝继起，就其址规划扩建大都城，遂为今北京城奠定基础。[152]

2003年9月20日，北京建都纪念阙在滨河公园落成揭幕。纪念阙就坐落于金中都大安殿遗址上。

《迎接北京建都八百周年》（1953年）

出国讲学

自20世纪80年代初开始，侯仁之多次应邀出国讲学，参加各种国际会议，这些活动促进了中国学者与外国学者间的学术交流。在国外，侯仁之利用各种机会介绍中国、介绍北京、介绍历史地理学在中国的发展。

为了将学术交流做得深入有效，侯仁之认真准备了多篇英文讲稿，这样的讲座，给外国学者留下了深刻印象。

1980年春，应加拿大地理学家赛明思（Marwyn S. Samuels，1942— ）邀请，侯仁之作为塞西尔和艾达·格林（Cecil H. & Ida Green）客座教授，赴加拿大不列颠哥伦比亚大学讲学，进行三次公开演讲，讲述中国古代历史地理学。据昌西·哈里斯（即寇·哈瑞斯）（Chauncy D. Harris，1914—2003）回忆：

我和侯仁之教授的初次相见是30年前的事情，当时他已经70岁了，正在北美做学术访问。我在不列颠哥伦比亚大学（The University of British Columbia）的地理学的同事马文·赛明思（Marwyn Samuels）邀请他到温哥华，给地理系的教师和研究生做一个学术报告。我参加了这次学术活动。在这次讲座中，侯仁之教授一边讲一边写，在教室前面的大黑板上写满了中国的方块字；他的英文语句充满激情、活力四射，给人留下了深刻印象。阶梯教室内参加讲座的听众都受到了侯仁之教授的强烈感染，被他的演讲内容所深深吸引。[153]

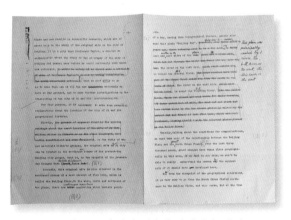

20世纪80年代初访问加拿大期间讲稿

在此期间，侯仁之先生还应邀访问美国匹兹堡大学，并代表北京大学校方赠送两块北京城墙古城砖。

北京城古城砖

美国匹兹堡大学早时向北京大学提出一个要求：北京是一座举世闻名的文化古城，想来一定有不少城砖保留了下来，能不能请北京大学赠送一块给匹兹堡大学，作为美中两国人民、两校之间文化往来的象征和纪念。北京大学打报告，得到主管部门的批准，并挑选了两块比较完整，且带有年份落款的城砖，放在琉璃厂师傅特制礼品盒中，通过海运寄给匹兹堡大学。海运要很长时间，恰在此时，侯仁之要去美国作短期讲学，北京大学就请侯仁之把城砖的照片和文字拓片先带到美国，代表北京大学赠送给匹兹堡大学。

侯先生在匹兹堡大学看到，在一座大楼中有个中心大厅，四周分列18个课室，按照不同国家的名字命名，课室内均按照被命名国的文化特色进行布设。其中有"中国课室"，陈设为中国风格，有雕梁画栋、红木家具，还有"循循善诱"四个汉字。

赠送城砖文字拓片的仪式就在"中国课室"里举行。在仪式上，侯仁之介绍这两块城砖是明嘉靖三十六年（1557）烧制的，也就是哥伦布发现美洲大陆后的65年。说完这句，大厅爆发出了热烈的掌声。

陈列在匹兹堡大学的北京城砖及其文字拓片

此次在美期间,侯仁之与夫人张玮瑛专程到波士顿拜谒老师洪业。数十年后的再次见面,感慨万端。《洪业传》上说:"洪业接待了几位从北京来的远客,包括与他一起入狱的侯仁之……不用说他们都陪了洪业谈通宵。"[154]

侯仁之夫妇在洪业墓前(1996年6月)

从北京到华盛顿

1982年年底,侯仁之接到美国康奈尔大学研究生院院长卡萨雷特(Alison P. Casarett,1930—2002)的来信。她一方面赞扬侯仁之在历史地理学研究上取得的成就,又提出一项建议:"我了解到您近来对北京旧城和华盛顿城的中心部分,在规划设计上的相互比较有浓厚的兴趣,因此我愿意告诉您,我校有一个'康奈尔在华盛顿'的研究中心,吸引了很多建筑史的学者,不断利用这一条件,前往华府考察研究。如果您在1983—1984学年度能来校工作一年,讲学之外,主要是可以利用这一条件来进行您的研究。"

侯仁之接受了邀请,并认真做了准备。1984年,侯仁之来到华盛顿,当时已然是盛夏,他主要利用较为凉爽的早晨和傍晚做户外考察,其他时间在室内工作。侯仁之说:

> 当我反复徘徊在华盛顿市中心的绿茵广场上,并且多次出入这里最重要的三大建筑——国会大厦、华盛顿纪念塔和林肯纪念堂之后,使我进一步体会到,对于一个具有重要政治意义的城市,特别是一国的首都来说,判断其城市规划价值的重要标准,首先就在于它所企图表现的主题思想、是否通过其平面设计及其主要建筑,已经充分表达出来。在我逐步了解到华盛顿作为资本主义上升时期一个新建立的联邦政府的统治中心,在它不断发展的过程中,也在企图通过规划设计及其主要建筑,把资产阶级独立自主和三权分立的主题思想表达出来。¹⁵⁵

侯仁之在美国华盛顿考察（1984年）

当年5月15日,华盛顿市市长访问北京,两国首都结为友好城市。侯仁之撰写了《从北京到华盛顿——城市设计主题思想初探》一文,就个人来说,"因为正在进行两个首都在规划设计上的比

较研究,也是特别值得纪念的"。侯仁之写道:

> 北京与华盛顿,在形式上的类似之处,最突出的一点,就是两者从建城之始就各自选定了一条中轴线作为全城设计的出发点。在本质上的区别和差异,则在于两个城市在其最初规划设计上,由于社会性质的根本不同,所力图表达的主题思想,也就大不一样了。[156]

接着,他又指出两座城市的中轴线"一个东西向,一个南北向。我们的南北向确实有深厚的历史文化渊源,是受自然环境的影响加上人工的创造而发展起来(的),在意识形态上形成这么一个思想"。[157]

访美期间,侯仁之与雷普斯(John William Reps, 1921—2020,又作"芮溥思")来往颇多。雷普斯专长于城市和区域规划研究,撰写了《城市美国的形成:美国城市规划史》等有影响的著作。

侯仁之夫妇与雷普斯合影(1984年)

重返利物浦,接受荣誉学位

在1984年访问美国期间,侯仁之与夫人张玮瑛应邀去了一次英国。鉴于侯仁之在历史地理学方面的贡献,母校利物浦大学授予他荣誉科学博士学位(the Degree of Doctor of Science, Honoris Causa)。侯仁之在离别母校35年后重返故地。

7月4日,侯仁之出席英国利物浦大学毕业典礼,接受荣誉学位,并代表应届毕业生和荣誉学位获得者致辞。在此期间,他还与利物浦大学地理系教授座谈。导师达比教授专程从剑桥大学赶来向侯仁之祝贺。在利物浦大学接受荣誉科学博士学位和出席传统晚宴后,侯仁之又来到剑桥大学,与老师达比教授叙谈往事,并拜访了李约瑟博士。

利物浦大学授予侯仁之荣誉科学博士学位(1984年7月4日)

英国著名历史地理学家艾伦（也称阿兰）·贝克（Alan R. H. Baker，1938— ）也参加了这次活动。他1980年在北京曾与侯仁之初次见面，这是两人第二次碰面，"两次与这位中国著名历史地理学家的见面，使他对中国历史地理学界有了一个初步的印象"。[158] 他们的第三次会面，是在1996年7月。当时，贝克应侯仁之之邀，到北京大学出席国际历史地理学术研讨会。

艾伦·贝克怀念侯仁之的文章（2013年）

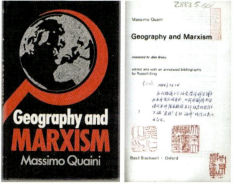

侯仁之在 Geography and Marxism 扉页上记载在英行踪[1984年，侯仁之购得马西莫·夸伊尼（Massimo Quaini）所著《地理学和马克思主义》，他在扉页上写道："在利物浦大学接受荣誉科学博士和出席传统晚宴后，又前来剑桥大学谒见老师德贝（达比）教授，并拜访李约瑟博士，下榻'蓝豹'。首往'海佛'购得此书，以为纪念。"]

中国申遗第一人

在美国访问期间，侯仁之从加利福尼亚大学伯克利分校地理系教授斯滕伯格（Hilgard O'Reilly Sternberg，1917—2011）等人那里获悉联合国教科文组织的《保护世界文化和自然遗产公约》。这个公约，1972年11月16日在联合国教科文组织大会第十七届会议通过，目的在于"为集体保护具有突出的普遍价值的文化遗产和自然遗产建立一个依据现代科学方法组织的永久性的有效制度"。

1976年11月世界文化和自然遗产委员会正式成立,而我国还没有参加这个公约。在美期间,侯仁之就致信中国联合国教科文组织全国委员会办公室,以及曾任联合国教科文组织执行局委员的张维,询问中国政府的态度。回国后,侯仁之立即为此事多方奔走。

1985年4月,在第六届全国政协第三次会议上,征得阳含熙、郑孝燮、罗哲文三位委员的同意,侯仁之与他们联名向大会提交了建议我政府尽早参加《保护世界文化和自然遗产公约》的提案(案号0663)。

侯仁之起草政协提案,在具体介绍了公约之后,继续写道:

> 从我国来说,我国为文明古国,地大物博,无论是在上述的文化遗产或自然遗产中所拥有的具有世界性重大价值的、而且是应该积极予以保存和保护的对象,历历可数,其中为举世所公认并已得到国际友人主动赞助进行维修和保护的,如万里长城和卧龙熊猫自然保护区,即分别属于上述的文化遗产和自然遗产两大类别之中。但是我国迄今尚未参加《保护世界文化和自然遗产公约》,因此也不能享受由签约国所应该享受的一切权益,更无助于推动这项有益于全人类的国际文化合作事业。
>
> 据悉我教科文组织全国委员会为了考虑参加《保护世界文化和自然遗产公约》,已经做了不少的准备工作。我文化部、科学院、人与生物圈国家委员会、城乡建设环境保护部、林业部等单位,也已进行过研究,只是尚未会同做出最后决定。现在我国实行开放政策,除去注意引进有利于我国四化建设物质文明的各种技术、设备和资金外,也应该积极参加并推动既有益于我国,也有益于世界人民精神文明的国际文化科学事业。因此建议我国尽早参加"保

护世界文化和自然遗产公约",并准备争取参加世界遗产委员会。[159]

提案起草后,侯仁之随即在1985年4月4日写成《万里长城》一文(刊于《文物》1985年第12期),表示"殷切希望我政府能早日批准《保护世界文化和自然遗产公约》,并争取参加世界遗产委员会。"提案送交全国人民代表大会常务委员会,后获得批准。1985年12月12日,中国终于成为《保护世界文化和自然遗产公约》的缔约国。

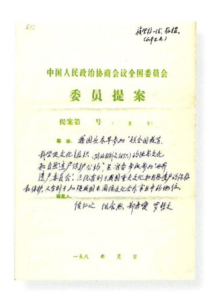

我国应尽早参加联合国教科文组织世界遗产公约的建议(全国政协提案)手稿

考察山海关长城
(左起:2. 侯仁之;4. 黄华;5. 王定国;6. 单士元;7. 罗哲文)

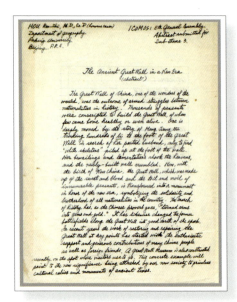

世界遗产大会发言手稿

1987年10月,侯仁之与北京市人民代表大会常务委员会城建委员会主任沈勃作为中国代表,出席了在美国华盛顿召开的国际古迹遗址理事会(ICOMOS)第8次大会暨"新世界中的古老文化(Old Cultures in New Worlds)"国际研讨会。此行是中国代表首次出席ICOMOS大会。侯仁之在会上做了"新时代的古长城"(The Ancient Great Wall in a New Era)的演讲。他在演讲中阐述了长城在新旧时代的价值,并介绍了长城的修缮及中国长城学会的成立、长城博物馆的建设。[160]

此时,中国已经开始进行世界遗产的申报工作。ICOMOS是总部设在法国巴黎的非政府组织,作为世界遗产委员会的专业咨询机构,专门负责评估提名列入《世界遗产名录》的遗产。侯仁之此行,显然助推了中国加入世界遗产"大家庭"的历程。

1987年12月,在世界遗产委员会第十一届全体会议上,中国的故宫博物院、周口店北京人遗址、泰山、长城、秦始皇陵(含兵马俑坑)、敦煌莫高窟六处文化与自然遗产被列入《世界遗产名录》。1999年10月29日,中国当选为世界遗产委员会成员。目前,中国已拥有59个世界遗产项目,数目居世界前列。

2005年12月22日,在全国政协"中国保护世界遗产走过20年纪念座谈会"上,当年的提案人获颁中国人民政治协商会议会徽铜盘。2019年,这一提案被评为全国政协成立70年来有影响力的重要提案之一。

中国保护世界遗产走过 20 周年纪念座谈会（2005 年 12 月）
［左 1. 阳含熙；左 3. 郑孝燮；左 5. 罗哲文；右 2. 侯方兴（代表侯仁之）］

2009 年 6 月 11 日，全国非物质文化遗产保护、古籍保护暨文博事业杰出人物表彰、颁证、授牌电视电话会议在北京召开，侯仁之被授予"中国文物、博物馆事业杰出人物"荣誉证书和奖状。会后，时任国家文物局局长单霁翔亲自到北京大学校医院，把证书和奖状送到侯仁之手中。

世界遗产是国家文博事业的重要组成部分。由于侯仁之在这项事业上的贡献，他被舆论公推为"中国'申遗'第一人"。获得上述荣誉，侯仁之实至名归。

侯仁之获颁"中国文物、博物馆事业杰出人物"荣誉证书
（2009 年 6 月）

与台湾友人合影

与历史地理专业学生合影（1998年）

与季羡林交流

获美国国家地理奖

获美国地理学会奖

与周一良交流

燕园情

从1932年迈进燕京大学的校门开始,侯仁之在燕园里生活了70多年。正如女儿侯馥兴说的,"燕园,父亲和这块土地相望相守七十多年。七十年的时间沉积了厚重的爱:一个学子对母校的爱;一位教师对耕耘的土地的爱;更加上一名历史地理学者对这片文化沃土的独特的爱"。[161]

1932年初夏,侯仁之从通县潞河中学毕业,保送参加燕京大学的提前入学特别考试。考试那一天,这个二十来岁的年轻人在踏进校门的第一刻,便被这座校园独有的魅力所吸引,不由得从考场所在的穆楼(现在的外文楼)独自走到贝公楼(现在的办公楼)东边,踏上岗阜中林木相掩的羊肠曲径后,便迷失在它的美丽之中。直到听得远远地有人喊他的名字,才醒悟过来。原来考试时间将至,监考人遍寻他不见,只得到楼外四处呼喊。

1996年5月,侯仁之在美国克莱蒙特·麦肯纳学院(Claremont McKenna College)举行的"燕京大学的经验与中国的高等教育学术研究会"上作了题为"我从燕京大学来"的发言。他在发言中深情回忆:

> 校门西向,遥对西山……从教学中心深入校园腹地,岗阜逶迤,林木丛茂。大路起伏,畅通无阻。羊肠曲径,经过其间。出人意外的是穿过这一区岗阜,突然展现在眼前的是一片微波荡漾的湖泊,水光天色,视野开阔,这就是享有盛誉的未名湖……从入学的第一天起,我就为这座校园的自然风光所吸引……[162]

在侯仁之一生写过的文章、出过的书里，燕园是常常出现的。例如，《在燕园里成长》《未名湖溯源》《未名湖上新气象》《燕园问学集》等等。燕园已成为他生命的组成部分。

燕京大学校园不是一个普通的校园，而有着深厚的历史。一方面，它有中国传统园林的基础；另一方面，它又是近代大学校园设计的杰作。侯仁之对此做了全面细致的研究和介绍。他在《燕园史话》中写道：

> 当时主持燕园规划建设的是美籍建筑师亨利·墨菲。他虽然受教育于美国有名的耶鲁大学，却十分欣赏中国的古典建筑与园林设计。他接受这一任务后，就设想在这一片岗峦起伏、水流潆洄的园林废墟上，根据现代大学应有的设备和要求，采用中国古典建筑的形式和造园艺术的特点，创建一座新校园。可以设想，他曾不止一次徘徊在这一片山环水抱的废墟上，首先考虑的是从哪里开始来确定整个校园总体规划的主轴线。有记载说，有一天，他站在一座土山顶上四面眺望，西方玉泉山塔忽然映入他的眼睛，他高兴地说："那就是我想找的端点，我们校园的主轴线应该指向玉泉山上那座塔。"实际上，校园大门（今西校门）的位置就是这样确定下来的，这正是我国古典园林中所谓"借景"的手法。现在这条主轴线从西校门开始，一直向东穿过早期教学中心的广场和校园主楼（办公楼），然后越过一带丘陵，又掠过一片湖水，而且正好是经过湖中的小岛直达东岸。在这条主轴线上，中间的一带丘陵，划分了前方布局严整的教学区与后方环湖的风景区，它的作用十分重要。其次在湖心小岛和湖的东南岸边，又分别建起

了岛亭和水塔，更突出了点景的作用。在这条东西主轴线之外，又设计了一条南北向的次轴线，并在这条次轴线上，布置了男女学生宿舍。男生宿舍在北，女生宿舍在南，中间隔以丘陵和湖泊，布局和谐自然。整个燕园核心部分的总体规划大体如此。其中所有建筑物，虽然功能上的要求不同，却一律采取三合院式的成组设计。在体形上或大或小、或开或合；在整体布局上既各有特点，又互相联系。整个环境在自然与人工的结合中，使人感觉到有起有伏，有节奏、有韵律，有美的享受。这就是最初的燕园最为引人入胜的地方，也就是在古典园林的基础上，为现代化建设的目的而进行规划设计、并取得成功的一例。¹⁶³

侯仁之《燕园史话》书影

燕园中的一些景物、建筑，对侯仁之有着特别的意义，令侯仁之难忘，如魏士毅纪念碑、燕南园 54 号、临湖轩、未名湖等。

1932年，侯仁之还是一个入校不久的青年学生，偶然看到了魏士毅烈士纪念碑，读过碑文，刹那间的精神震撼，使他对燕园的感情升华为一种持久的信念。北京大学迁到燕园后，原在城内沙滩校园内的另一座"三一八死难烈士纪念碑"也被移至此处，丰富了这个地方的精神内涵。

1998年，北京大学迎来百年校庆。校方组织拍摄季羡林、侯仁之、芮沐、厉以宁、程民德、胡代光、田余庆、沈宗灵等百余位北京大学学者的肖像。侯仁之把拍摄地点选在了魏士毅纪念碑前，并题词"殷忧启圣，大难兴邦"。纪念碑地处偏僻，几乎人迹罕至。但是，它是爱国之情的寄托，始终树立在侯仁之心里。

燕南园54号是老师洪业的故居，是一座二层的小楼，从燕南园东北边的小路一上坡，拐过弯走不几步就是。当初，燕园尚在建设的过程中，洪业对燕南园的规划提出了不少建议。据说，美国的一个教友被洪业回国教书的事迹所感动，捐出7000美元供洪业盖房使用。《洪业传》记载："洪家在燕南园54号的住宅是洪业自己设计的，他的书房另设门户，以便来访的学生不必经过客厅……外面园子里有一个亭子，亭前栽了两棵藤萝。"[164] 对于这座小楼，侯仁之十分熟悉，老师在这里面的谈话，曾影响了他的一生。后来，北京大学校领导江隆基、陆平也曾入住54号。侯仁之曾撰文《陆平校长留我在北大》，怀念这位老领导。

燕京大学历史学会在燕南园54号紫藤架下留影（1935年）
（站立者，左起：10. 邓之诚；11. 洪业）

临湖轩在燕园未名湖畔的一处高冈上，是一对美国夫妇为燕京大学捐资时指定修建的校长住宅。住宅落成后，"蒙校长特别允许，得皆与教职员同人用作宴会地点；惟时间限于每星期二、五两日……每星期三午后四时至六时，为教职员茶话时间，费用由同人所捐'教职员俱乐会'项下拨付……教职员定期茶话会，一俟筹备就绪，即将按时召集，由同人轮流做东，均在校长新宅举行。"[165] 显然，校长司徒雷登并没有把它当作自己的私宅，而是当成"公共场所"。临湖轩不仅用于接待来访的贵宾，一些重要的会议也在这里召开。燕京大学的青年教师结婚，经常在临湖轩举行婚礼，司徒雷登乐于为他们担当证婚人，冰心与吴文藻的婚礼就是在这里举行的，侯仁之与张玮瑛的婚礼也是在这里举行的。

1939年，侯仁之与张玮瑛结婚。当时正是日寇占领北平、国难当头的时候,他们不愿意张扬自己的婚事。但校长司徒雷登执意要按惯例为他们举行婚礼。最后,还是按照校长的意思,在临湖轩"秘密"举行了一个小型的便宴,到场的除了司徒雷登,只有洪业、李荣芳两位老师及其夫人,证婚人自然是司徒雷登。

20世纪60年代,侯仁之曾在北京大学校刊上开辟了一个名为"校园史话"的栏目,连续发表了一系列专题文章。侯仁之告诉北京大学师生,"勺园"在燕园中的地位十分重要,勺园不仅是校园中开辟最早的一块地方,同时也是海淀园林开辟的先驱。

侯仁之讲解北京大学西墙进水涵洞遗迹的来历(1996年)

今办公楼东面不远的山丘上有一座钟亭,亭内铜钟是清代遗物。

燕京大学校园建设时,将钟置于土山之上,修建次序是先悬钟,后筑亭。此钟为校钟,1929年10月燕京大学决定采取"轮船撞钟法",也就是"每日自早六时(撞钟四下)起至晚十一时(撞钟六下)

为敲钟时间。"[166] 珍珠港事件发生后,日寇侵占燕园,钟声也就停了下来。1945年10月10日,为日寇投降后燕京大学正式复课日。侯仁之与全校师生一起,含着热泪倾听沉寂了3年零10个月的大钟再次敲响。那一刻,他无法忘记。

燕京大学钟亭(1931年,甘博摄影)

今外文楼(穆楼)二楼西北角的屋子,曾是侯仁之担任燕京大学学生生活辅导委员会副主席时的办公室。在北平沦陷期间,侯仁之在这里存放着被护送前往解放区的同学名单。被日寇逮捕后,他最惦念的就是藏在办公桌里的这份名单。它一旦落入日寇手中,会造成很大的损失,自己也会有性命之虞。侯仁之保释出狱后,借回校取物的机会,在日本士兵的监视下,机智取出名单并设法销毁。后来,侯仁之每与自己的学生行经此处,常会回忆起那段惊心动魄的经历。

女儿侯馥兴回忆说:在狱中,"父亲曾多次梦见,他回到燕园爬上办公室北窗外的树,从窗子里进去把名单偷了出来。梦醒之后,就更加焦灼不安。"半个世纪后,与父亲在校园里散步,"我当然想跟父亲一起再去看看他在狱中曾经多次梦见的地方。我把轮椅停靠在穆楼的西头路边,请父亲等片刻,我转到楼西北角的那扇窗下,想目测一下那树的高度。不过当我转回来时,父亲先开口了:'其实,那几棵树离窗子还远,就是爬上树,也够不到窗子的。'"[167]

燕京大学穆楼

侯仁之在穆楼前

北京大学也有一些景物是历代师生逐步创建的,其中也有侯仁之的贡献。新图书馆落成后,形成了校园一个新的景观区。侯仁之对此很重视,他结合图书馆的职能与周边原有景物的特色,构想出一个新的校园景点,它的名字叫"文水陂"。

当时的北京大学图书馆馆长林被甸先生回忆:

> 侯先生的另一个设想,是修筑"文水陂"。在图书馆大楼北侧,有一段悬崖把近在咫尺的未名湖区隔离开来,人们需要绕几个弯道才得进入湖区,自然会产生一种距离感。在侯先生看来,未名湖不应该仅仅看作是风景区,更应该看成高等学府"智慧的泉源,常流不息的象征。"而且,"从燕园的整体设计来看,正因为有了未名湖的存在,才使得校园内富有传统特点的大小建筑,格外生色"。
>
> 现在,图书馆新馆大楼已巍然耸立,如何把这个新学术文化中心和建筑中心,同作为燕园景观中心的未名湖区联结起来呢?

侯先生说,他一次漫步在未名湖畔的时候,突然从380年前勺园的设计者米万钟那里获得了灵感。当年的勺园建有一个"文水陂",为进入园内建筑中心"勺海堂"的必由之路,如果在图书馆大楼北侧的那段悬崖上(当时仅砌有陡峭的石磴小道),开辟出一条较宽坡道来,不就可以把两个中心连成一体了吗?这样,当你从图书馆向北,穿过电话室与第一教学楼之间,径直踏上未名湖区南侧的马路,即面对新辟的坡道,下得坡来,就顷刻置身于心旷神怡的未名湖景区了。侯先生说,我们岂不可以借用当年米万钟的勺园景观,把这个坡道命名为"文水陂"!168

侯先生的这一条建议,在图书馆新大楼正式落成后,很快被采纳,一条石阶式通道被修筑起来。在第一教学楼西北道路北侧、新辟坡道近旁,还新立一块石碑,上刻侯先生手书"文水陂"三个红色大字,背面刻有吴小如先生撰写的"文水陂"记。昔日勺园的旧景观,成了今日燕园的一个新景点。169

侯仁之、张玮瑛在文水陂前合影

吴小如《文水陂记》

今日校园内的新景点，人气旺处可能要首推"未名湖"石碑。无论是北京大学的学生，还是外来的访客，几乎都要在此留影。

未名湖湖名的含义，侯仁之有自己的理解。20世纪80年代初，侯仁之重新提笔"漫话北大校园"。他说"未名湖"之所以叫这个名字，是因为湖泊确实没有名称。年复一年，大家就认定这是"湖泊最好的名称"。此刻，侯仁之赋予湖名新意，认为它不仅是"自然风景的中心，更应该看作是智慧的泉源"。人类的智慧不断地向未知领域进发，"未名湖"寓意探索未来。[170]

未名湖石碑由侯仁之书写，三个大字饱含着侯仁之的燕园情。从这里向东眺望湖面，以及远处的博雅塔，便得到燕园最为经典的、充满了历史感与时代感的景色。它在夕阳的辉映之下，格外幽雅而宁静。

侯仁之题写的"未名湖"石碑

尾 声

2011年，侯仁之先生百岁寿辰，有国家领导人发来贺信。校领导前来看望。12月6日，北京大学图书馆举办侯仁之寿辰生平和著作展暨生日纪念会。

侯仁之百岁华诞祝寿会

2012年，侯仁之101岁，校领导看望侯仁之。6月15日，山东德州二中（前身为博文中学）领导拜访侯仁之。

2013年，3月17日，朱士光、尹钧科到北京大学校医院探望侯仁之。9月24日，外语教学与研究出版社赶印出《北平历史地理》试读本，送入侯仁之病房。10月22日下午2时50分，侯仁之在北京友谊医院病逝，享年102岁。北京大学在百周年纪念讲堂开设灵堂，接受吊唁。侯仁之生前希望"不搞遗体告别，丧事从简"。12月6日，侯仁之追思会在北京大学图书馆举行。

侯仁之先生灵堂

2019年11月8日，国际小行星委员会批准并发布国际公报，将中国科学院紫金山天文台2007年8月16日发现的、国际编号为309295号小行星，正式命名为"侯仁之星"。

侯仁之铜像揭幕仪式（左起：侯方兴，郝平，龚旗煌，贺灿飞）

2023年4月29日，侯仁之铜像在城市与环境学院落成

注　释

1. 顾颉刚：《浪口村随笔》卷一《山东运河》，沈阳：辽宁教育出版社，1998年，第26—27页。

2. 金涛：《追忆仁之师的风采与教诲》，载北京大学历史地理研究中心编《走近侯仁之——恭贺侯仁之先生百岁寿辰》，北京：学苑出版社，2011年，第79—80页。

3. 柴桑：《求索——地理学家侯仁之的童年》，载新蕾出版社编辑《科学家的童年（3）》，天津：新蕾出版社，1983年，第95—96页。

4. 侯仁之：《小传》，《唯有书香留岁痕》，生活·读书·新知三联书店，2019年，第415页。

5. 柴桑：《求索——地理学家侯仁之的童年》，载新蕾出版社编辑《科学家的童年（3）》，天津：新蕾出版社，1983年，第95—96页。作者柴桑，即金涛（1940—2024，祖籍安徽黟县，生于江西九江）。金涛毕业于北京大学地质地理系，曾任《光明日报》记者、科学普及出版社（中国科学技术出版社）社长兼总编辑。他曾协助侯仁之编选《历史地理学的理论与实践》（上海人民出版社，1979年），并与侯仁之合著《北京史话》（上海人民出版社，1980年）。

6. 侯仁之：《儿时的回忆》，《唯有书香留岁痕》，北京：生活·读书·新知三联书店，2019年，第457页。

7. 侯仁之：《我的母亲》，载邓九平主编《中国文化名人忆母亲·寸草心》第一册，北京：同心出版社，2004年，第333页。

8. 侯仁之：《我的母亲》，载侯馥兴编《师道师说（侯仁之卷）》，北京：东方出版社，2013年，第57页。

9. 同上，第60页。

10. 侯仁之：《良师益友常相伴》，载《侯仁之燕园问学集》，上海：上海教育出版社，1991年，第4页。

11. 柴桑：《求索——地理学家侯仁之的童年》，载《科学家的童年》第三集，天津：新蕾出版社，1983年，第103页。

12. 侯仁之：《小传》，载《唯有书香留岁痕》，北京：生活·读书·新知三联书店，2018年，第417页。

13. 侯仁之：《师承小记——忆我师顾颉刚教授》，载《侯仁之燕园问学集》，上海：上海教育出版社，1991年，第32页。

14. 侯仁之：《班史》，《燕大年刊》，1936年，第1页。

15. 侯仁之：《师承小记——忆我师顾颉刚教授》，载《侯仁之燕园问学集》，上海：上海教育出版社，1991年，第31页。

16. 陈光中：《侯仁之》，北京：生活·读书·新知三联书店，2005年，第36页。

17. 〔美〕舒衡哲著，张宏杰译：《鸣鹤园》，北京：北京大学出版社，2009年，第144页。

18. 侯仁之：《我从燕京大学来》，载《晚晴集——侯仁之九十年代自选集》，北京：新世界出版社，2001年，第32—33页。

19. 曹天钦（1920—1995），河北束鹿人，生物化学家，曾任中国科协副主席、中国科学院上海分院院长。谢希德（1921—2000），福建泉州人，固体物理学家，曾任复旦大学校长。

20. 侯仁之：《在教书育人的道路上——再记我师洪业教授》，载《侯仁之燕园问学集》，上海：上海教育出版社，1991年，第13页。

21. 陈光中：《侯仁之》，北京：生活·读书·新知三联书店，2005年，第36页。

22. 侯仁之：《师承小记——忆我师顾颉刚教授》，载《侯仁之燕园问学集》，上海：上海教育出版社，1991年，第32—33页。

23. 侯仁之：《师承小记——忆我师顾颉刚教授》，载《侯仁之燕园问学集》，上海：上海教育出版社，1991年，第33页。

24. 王钟翰：《清心集：王钟翰自选集》，北京：新世界出版社，2002年，第54页。

25. 侯仁之：《师承小记——忆我师顾颉刚教授》，载《侯仁之燕园问学集》，上海：上海教育出版社，1991年，第34—35页。

26. 侯仁之：《师承小记——忆我师顾颉刚教授》，载《侯仁之燕园问学集》，上海：上海教育出版社，1991年，第36页。

27. 侯仁之：《一次意外的收获——忆邓文如师》，载《侯仁之燕园问学集》，上海：上海教育出版社，1991年，第37页。

28. 侯仁之：《我爱旅行》，《步芳集》，北京：北京出版社，1981年，第96页。

29. 侯仁之：《我爱旅行》，《步芳集》，北京：北京出版社，1981年，第99页。

30. 侯仁之：《读房龙世界地理》，《大公报》，1934年11月2日，第11版"史地周刊"。

31. 侯仁之：《〈锦绣中华〉序》，载《侯仁之燕园问学集》，上海：上海教育出版社，1991年，第106页。

32. 侯仁之硕士论文《续顾炎武〈天下郡国利病书〉山东之部》

的序言。

33. 梅辰:《晚晴在心,扬鞭奋蹄——访著名历史地理学家侯仁之先生》,载《人文大家访谈录》,北京:中国文联出版社,2005年,第158页。

34. 侯仁之:《在教书育人的道路上——再记我师洪业教授》,载《侯仁之燕园问学集》,上海:上海教育出版社,1991年,第16页。

35. 侯仁之:《在教书育人的道路上——再记我师洪业教授》,载《侯仁之燕园问学集》,上海:上海教育出版社,1991年,第15页。

36. 侯仁之主编:《中国古代地理学简史》,北京:科学出版社,1962年,第68页。

37. 夏仁德(Randolph C. Sailer, 1898—1981)是中国人民忠诚的朋友。1949年10月,夏仁德参加了新中国的开国大典游行。1973年4月,他应中国人民对外友好协会的邀请再次访华,受到周恩来总理的接见,并与侯仁之见面。

38. 侯仁之:《燕京大学被封前后的片断回忆》,载《日伪统治下的北平》,北京:北京出版社,1987年,第84—85页。

39. 摘自1995年9月侯仁之对北京大学新同学的讲话稿《时代的召唤——在燕园里成长》,侯馥兴供稿。

40. 叶祖孚:《红楼作证——侯仁之重返日本宪兵队监狱旧址记》,载北京市政协文史资料委员会编《叶祖孚文史散文集》,北京:北京出版社,2002年,第435—436页。

41. 刘子健:《"蒙难"之后》,《燕大双周刊》1945年第2期,第13页。

42. 侯仁之:《燕京大学被封前后的片断回忆》,载《日伪统治下的北平》,北京:北京出版社,1987年,第92页。

43. 洪业:《六君子歌》,《燕大双周刊》1945年第2期,第8页。

44. 赵紫宸:《系狱记》,载燕京研究院编《赵紫宸文集》第二卷,北京：商务印书馆，2004年，第458页。

45. 郝斌等编辑：《回眸侯仁之》，台北：大统图书股份有限公司，2008年，第133页。

46. 侯仁之：《往事回忆——我为什么主编〈黄河文化〉》，《唯有书香留岁痕》，北京：生活·读书·新知三联书店，2018年，第512页。

47. 陈光中：《侯仁之》，生活·读书·新知三联书店，2005年，第86页。

48. 侯馥兴：《不曾远离的北平（上）——父亲侯仁之的留英生活片断》，《中华读书报》，2017年3月1日，第18版。

49. 沈元骥（？—1959），又名祖荫、祖茵，是侯仁之在博文中学读书时的同学。1931年，沈元骥进入北平民国学院读书。据称：沈元骥是山东济南人，笔名"傅龟"，1934年，沈元骥回到山东，在德州师范教书。

50. 侯仁之：《从日寇监狱到人间炼狱》，载《侯仁之燕园问学集》，上海：上海教育出版社，1991年，第23页。

51. 侯仁之：《从日寇监狱到人间炼狱》，载《侯仁之燕园问学集》，上海：上海教育出版社，1991年，第30页。

52. 按：侯仁之对这部书十分重视，1947年，他在英国重又购得此书，并一直保留着当时的购书卡。

53. 此信于1991年5月12日由邓辉据录音整理，现藏北京大学档案馆。

54. 王毓蔺编：《侯仁之学术文化随笔》，中国青年出版社，2001年，第269页。

55. 侯馥兴：《洪师赐函明信暗语》，《中华读书报》2014年3月19日，第18版。

56. 《林嘉通致罗士培信（1945年11月22日）》，北京大学档案馆藏燕京大学档案《侯仁之研究工作及著作介绍及推荐其出国学习的信件（英文）》（档案号：第 YJ45012 卷）。

57. Stanley Dumbell 致林嘉通信（1946 年 1 月 23 日），载《有关教员聘请任命的函件（英文）》，北京大学档案馆藏燕京大学档案（第 YJ46031 卷，卷内材料顺序号 2）。

58. 侯馥兴：《不曾远离的北平（上）——父亲侯仁之的留英生活片断》，《中华读书报》，2017 年 3 月 1 日，第 18 版。

59. 侯馥兴：《不曾远离的北平（上）——父亲侯仁之的留英生活片断》，《中华读书报》，2017 年 3 月 1 日，第 18 版。

60. 陈光中：《侯仁之》，北京：生活·读书·新知三联书店，2005 年，第 130 页。

61. 辛德勇：《晾书娱寿》，载北京大学历史地理研究中心编《走近侯仁之——恭贺侯仁之先生百岁寿辰》，北京：学苑出版社，2011 年，第 233—235 页。

62. 曹日昌，河北束鹿人，到英国后加入英国共产党的剑桥地方组织，1947 年，又加入中国共产党。

63. 计晋仁：《留英纪事》，载全国政协暨北京、上海、天津、福建政协文史资料委员会编《建国初留学生归国记事》，北京：中国文史出版社，1999 年，第 304 页。

64. 陈占祥：《关于城市设计的认识过程》，载中国城市规划学会主编《五十年回眸：新中国的城市规划》，北京：商务印书馆，1999 年，第 139 页。

65. 侯馥兴：《从塘头厦到燕南园——我的母亲张玮瑛》，广州：花城出版社，2012 年，第 97 页。

66. 陈光中：《侯仁之》，北京：生活·读书·新知三联书店，2005 年，第 141 页。

67. 侯馥兴：《侯仁之与梁思成》，《南方周末》，2018 年 5

月10日。

68. 任嘉尧：《老清华历史系的教授》，《社会科学报》，2001年3月22日，第4版。

69. 侯仁之：《相知愈深 爱之弥坚》，载张健民主编《北京——我们心中的城》，北京：北京出版社，1989年，第116—117页。

70. 侯仁之：《知我之深 期待之殷》，载侯馥兴编《师道师说：侯仁之卷》，北京：东方出版社，2013年，第120—121页。

71. 张玮瑛：《天光云影共徘徊（代序）》，载北京大学历史地理研究中心编《走近侯仁之——恭贺侯仁之先生百岁寿辰》，北京：学苑出版社，2008年，第6页。

72. 侯仁之：《步芳集》，北京：北京出版社，1981年，前言第2页。

73. 侯仁之：《学习文件使我进一步端正了自己的学习态度》，《人民日报》，1951年12月30日，第3版。

74. 同上。

75. 侯仁之：《〈中国沿革地理〉课程商榷》，《新建设》第2卷第11期，1950年7月，第21页。

76. 谭其骧、葛剑雄：《中国历史地理学》，载肖黎主编《中国历史学四十年(1949—1989)》，北京：书目文献出版社，1989年，第554页。

77. 佚名：《我校成立一年级工作组并设班级主任》，《北京大学校刊》，1962年12月12日，第3版。

78. 柏生：《中苏两个古老大学的友谊》，《人民日报》，1957年11月6日。

79. 本报讯：《中国地理学会首届代表大会座谈大学地理教学问题》，《光明日报》，1953年2月11日，第2版。

80. 王恩涌：《北京大学的人文地理教学与研究》，《人文地理》，

1995年第1期，第81页。

81. 李文漪：《侯仁之老师的教导永铭在心》，载北京大学历史地理研究中心编《走近侯仁之——恭贺侯仁之先生百岁寿辰》，北京：学苑出版社，2011年，第109页。

82. 陈彤、孙世恺：《亲如家人——记苏联留学生在北京大学》，《人民日报》，1961年2月11日。

83. 尤芳湖：《中国科学院成立中国自然科学史研究委员会》，《科学通报》，1954年第10期，第492页。

84. 竺可桢：《竺可桢全集》第14卷，上海：上海科技教育出版社，2008年，第268页。

85. 葛剑雄编：《谭其骧日记·京华日记》，上海：文汇出版社，1998年，第72页。

86. 竺可桢：《致侯仁之函稿[地理学史书稿审阅意见（1959年2月1日）》，载《竺可桢全集》第3卷，上海：上海科技教育出版社，2004年，第505页。

87. 顾颉刚：《顾颉刚日记》卷八，北京：中华书局，2011年，第558页。

88. 高泳源：《评〈中国古代地理名著选读〉第一辑》，《人民日报》，1960年7月7日。

89. 谭其骧：《初学历史地理学必读书目》，《文史知识》，1983年第4期，第7页。

90. 侯仁之：《徐霞客——石灰岩地貌考察的先驱》，《人民日报》，1961年4月9日。

91. 于希贤：《对近代先驱地理学家徐霞客研究的回顾与展望》，《地理学报》，1989年第2期，第249页。

92. 唐晓峰：《现代语境下的徐霞客》，载《阅读与感知》，北京：生活·读书·新知三联书店，2013年，第182页。

93. 学生会通讯：《"星期天讲座"受到热烈欢迎》，《北京大学校刊》，1962年1月15日，第418期第4版。

94. 侯仁之：《徐霞客故居照壁题词》，载《侯仁之燕园问学集》，上海：上海教育出版社，1991年，第64—65页。

95. 竺可桢：《竺可桢全集》第17卷，上海：上海科技教育出版社，2009年，第539页。

96. 江隆基：《和青年同志们谈谈向科学进军的问题》，载周源、郭琦等编《江隆基教育论文选》，西安：陕西人民出版社，1981年，第172页。

97. 崔海亭：《良师伴我行》，载北京大学历史地理研究中心编《走近侯仁之——恭贺侯仁之先生百岁寿辰》，学苑出版社，2011年，第183—184页。

98. 马寅初：《北京大学的科学研究工作》，载《马寅初全集》第十四卷，杭州：浙江人民出版社，1999年，第428页。

99. 侯仁之：《倾听来自学生群中的声音》，《人民日报》，1956年12月18日，第7版。

100. 侯仁之：《历史地理学刍议》，《北京大学学报（自然科学版）》，1962年第8卷第1期，第73—80页。

101. 侯仁之：《历史地理学研究中的认识问题》，载《历史地理学四论》，北京：中国科学技术出版社，1994年，第32页。

102. 彭明辉：《历史地理学与现代中国史学》，台北：东大图书股份有限公司，1995年，第356—357页。

103. 侯仁之：《河北新村访问记》，《禹贡半月刊》第6卷第5期，1936年11月，第68页。

104. 侯仁之：《〈北京的城墙与城门〉序》，载《奋蹄集》，北京：北京燕山出版社，1995年，第23页。

105. 侯仁之：《北京都市发展过程中的水源问题》，《北京大学学报(人文科学)》,1955年第1期,第139—166页。

106. 侯仁之:《开辟首都水源的一个历史性的新胜利》,载《步芳集》,北京:北京出版社,1981年,第39页。

107. 孔庆普:《城:我与北京的八十年》,北京:东方出版社,2016年,第156页。

108. 万里(1916—2015),1958年任中共北京市委书记处书记、北京市副市长,此前曾任中央建筑工程部常务副部长、国务院城市建设总局局长、城市建设部部长等职。

109. 侯仁之:《北京地下湮废河道复原图说明书》,《北京城的生命印记》,北京:生活·读书·新知三联书店,2009年,第159页。

110. 侯仁之:《我国西北风沙区的历史地理管窥》,《历史地理学的视野》,北京:生活·读书·新知三联书店,2009年,第175页。

111. 唐晓峰:《初识导师——侯仁之师期颐寿日感怀》,《阅读与感知》,北京:生活·读书·新知三联书店,2013年,第312页。

112. 张玮瑛:《天光云影共徘徊(代序)》,载北京大学历史地理研究中心编《走近侯仁之——恭贺侯仁之先生百岁寿辰》,北京:学苑出版社,2008年,第7—8页。

113. 唐晓峰:《初识导师——侯仁之师期颐寿日感怀》,《阅读与感知》,北京:生活·读书·新知三联书店,2013年,第309—310页。

114. 李文漪:《侯仁之老师的教导永铭在心》,载北京大学历史地理研究中心编《走近侯仁之——恭贺侯仁之先生百岁寿辰》,北京:学苑出版社,2011年,第111页。

115. 《七四年第一季度教学实习计划》,北京大学档案馆藏《关于十年规划、教学计划、教材及教改方案和协议书、建立挂钩关系以及参加冻土协作项目的意见》（档案号01419740004）。

116．董黎明：《侯仁之先生》，载北京大学历史地理研究中心编《走近侯仁之——恭贺侯仁之先生百岁寿辰》，北京：学苑出版社，第215页。

117．申有顺：《侯仁之教授在邯郸》，《邯郸日报》，2010年12月4日第2版《风物》。

118．周一星：《城市地理求索：周一星自选集》，北京：商务印书馆，2010年，第2页。

119．申有顺：《侯仁之教授在邯郸》，载北京大学历史地理研究中心编《走近侯仁之——恭贺侯仁之先生百岁寿辰》，北京：学苑出版社，第120页。

120．董黎明：《北京大学经济地理专业60年回眸》，北京：北京大学出版社，2018年。

121．李晓东：《记谷牧考察避暑山庄的重要谈话》，《中国文物科学研究》，2014年第1期，第47页。

122．董黎明：《侯仁之先生》，载北京大学历史地理研究中心编《走近侯仁之——恭贺侯仁之先生百岁寿辰》，北京：学苑出版社，第219—220页。

123．侯仁之：《〈历史地理学四论〉序》，载《历史地理学四论》，北京：中国科学技术出版社，1994年，序第2页。

124．本报记者：《老教授的新长征》，《光明日报》，1978年3月24日，第2版。

125．唐晓峰：《初识导师——侯仁之师期颐寿日感怀》，《阅读与感知》，北京：生活·读书·新知三联书店，2013年，第313页。

126．董黎明：《理论联系实际，教学与科研结合——经济地理专业在芜湖城市规划做出新成绩》，《北京大学校刊》1979年6月11日，第1版。

127. 周一星：《归去来兮，芜湖》，载《城市规划寻路——周一星评论集》，北京：商务印书馆，2013年，第143—145页。

128. 侯仁之：《城市历史地理的研究与城市规划》，载《侯仁之燕园问学集》，上海：上海教育出版社，1991年，第300页。

129. 侯仁之：《北京城市发展中的三个里程碑》，《侯仁之文集》，北京：北京大学出版社，1998年，第162页。

130. 王军：《北京轴线上的奥运传奇》，《北京日报》，2002年7月29日。

131. 侯仁之：《历史地理学的理论与实践》，载《历史地理学的理论与实践》，上海：上海人民出版社，1979年，第23页。

132. 周昆叔：《中国环境考古的回顾与展望》，《花粉分析与环境考古》，北京：学苑出版社，2002年，第190页。

133. 李民昌：《首届中国环境考古学学术讨论会纪要》，《东南文化》，1990年第5期，第381页。

134. 侯仁之：《相知愈深 爱之弥坚》，载张健民主编《北京——我们心中的城》，北京：北京出版社，1989年，第120页。

135. 侯仁之：《学业历程自述》，《唯有书香留岁痕》，北京：生活·读书·新知三联书店，2018年，第408页。

136. 侯仁之主编：《北京历史地图集》，北京：北京出版社，1988年，前言第1页。

137. 谭其骧：《关于〈北京历史地图集〉的一封信》，载《长水集续编》，北京：人民出版社，1994年，第368页。

138. 侯仁之主编：《北京历史地图集》，北京：北京出版社，1988年，前言第1页。

139. 侯仁之：《再论历史地理学的理论与实践》，《北京大学学报（历史地理学专刊）》，1992年7月，第4页。

140. 侯仁之主编：《北京历史地图集（二集）》，北京：北京出版社，1997年，说明第1页。

141. 北京市文物局：《高山景行 京都守护神——悼念侯仁之老先生》，《北京文博》，2013年第3期。

142. 侯仁之：《卢沟桥与北京城》，《奋蹄集》，北京燕山出版社，1995年，第51页。

143. 侯仁之：《保护卢沟桥刻不容缓》，王毓蔺编《侯仁之学术文化随笔》，中国青年出版社，2001年，第172页。

144. 侯仁之：《论北京旧城的改造》，《北京城的生命印记》，北京：生活·读书·新知三联书店，2009年，第247页。

145. 侯仁之：《什刹海记》，《北京城的生命印记》，北京：生活·读书·新知三联书店，2009年，第565页。

146. 侯仁之：《万宁桥旁新建金锭桥——为金锭桥的命名函复汪光焘副市长》，载《晚晴集——侯仁之九十年代自选集》，北京：新世界出版社，2001年，第143—144页。

147. 侯仁之：《北京旧城平面设计的改造》，《历史地理学的理论与实践》，上海：上海人民出版社，1979年，第215—216页。

148. 侯仁之：《北京旧城平面设计的改造》，《历史地理学的理论与实践》，上海：上海人民出版社，1979年，第217页。

149. 侯仁之：《评西方学者论述北京城市规划建设四例》，《北京城的生命印记》，北京：生活·读书·新知三联书店，2009年，第272页。

150. 侯仁之：《北京建城记》，《北京城的生命印记》，北京：生活·读书·新知三联书店，2009年，第492页。

151. 侯仁之：《要看到建设"滨河公园"的历史意义》，《北京城的生命印记》，生活·读书·新知三联书店，2009年，第436—437页。

152. 侯仁之：《北京建都记》，《北京城的生命印记》，生活·读书·新知三联书店，2009年，第493—494页。

153.〔加〕寇·哈瑞斯著，邓辉译：《一个加拿大学者对侯仁之教授的印象》，载北京大学历史地理研究中心编《走近侯仁之——恭贺侯仁之先生百岁寿辰》，北京：学苑出版社，2008年，第161页。

154.〔美〕陈毓贤：《洪业传》，商务印书馆，2013年，第292页。

155.侯仁之：《华府采访拾零》，《侯仁之燕园问学集》，上海：上海教育出版社，1991年，第271页。

156.侯仁之：《从北京到华盛顿——城市设计主题思想试探》，《城市问题》，1987年第3期，第2页。

157.侯仁之：《紫禁城与北京中轴线——中国紫禁城学会第二次学术讨论会开幕式讲话》，载于倬云、朱诚如主编《中国紫禁城学会论文集》第二辑，北京：紫禁城出版社，2002年，第389页。

158.阙维民：《中西方历史地理学界的一次实质对话——阿兰·贝克教授访华录》，载黄时鉴主编《东西交流论坛》，上海：上海文艺出版社，1998年，第420页。

159.侯仁之：《建议我政府尽早参加〈世界文化和自然遗产保护公约〉提案》，《侯仁之燕园问学集》，上海教育出版社，1991年，第129—130页。

160.侯仁之：《新时代的万里长城》，《中国历史地理论集》，北京：外语教学与研究出版社，2015年，第223页。

161.撷芗（侯馥兴）：《燕园，父亲永久的家园——记父亲侯仁之》，《群言》，2007年第3期，第35页。

162.侯仁之：《我从燕京大学来》，载《晚晴集——侯仁之九十年代自选集》，北京：新世界出版社，2001年，第30—31页。

163.侯仁之：《燕园史话》，北京：北京大学出版社，1988年，第72—73页。

164. 〔美〕陈毓贤：《洪业传》，商务印书馆，2013年，第178页。

165. 《校务纪闻·校长住宅委员会之启事》，《燕京大学校刊》第2卷第17期，1929年1月11日，第1版。

166. 《总务处布告二（十月三日）》，《燕京大学校刊》第2卷第4期，1929年10月4日，第1版。

167. 侯馥兴：《燕园——父亲永久的家园》，载郝斌等编辑《回眸侯仁之》，2008年，第156—158页。

168. 这一想法，侯仁之1998年在《未名湖上新景象》一文中有充分的表达。文章刊于赵为民主编《青春的北大——〈精神的魅力〉续编》（北京大学出版社，1998年）一书，后收入《晚晴集——侯仁之九十年代自选集》（新世界出版社，2001年）。此处引自郝斌等编辑《回眸侯仁之》，题名作"未名湖畔风景新"。

169. 林被甸：《结缘图书馆的新故事》，载北京大学历史地理研究中心编《走近侯仁之——恭贺侯仁之先生百岁寿辰》，学苑出版社，2011年，第189—190页。

170. 侯仁之：《漫话北大校园》，《北京大学校刊》，1980年5月3日增刊，第4版。

侯仁之学谱（简本）

丁　超

1911

12月6日，生于直隶枣强县萧张镇，祖籍山东恩县庞庄。

1918

入读抡才学校高级小学，因体弱多病，数次休学。

1919

加入响应"五四运动"游行队伍。阅读《福幼报》等基督教读物。

1926—1928

就读德县博文中学。积极参加体育锻炼，入博文中学体育委员会。积极参加抗日宣传，主办《离离草》校刊，并出演话剧《山河泪》。

1929

夏，母病逝。秋，赴济南齐鲁大学附属高中就读。父亲欲培养其为医生。冬，返回博文中学读高中。《基甸救国》刊于《鲁铎》第2卷第1号，是公开发表的第一篇文章。

1930

任校刊《博文季刊》编辑部主任。《从欧战后印度民族的自治运动说到独立运动》写成，刊于《博文季刊》（1931年）。

1931

5月，参加山东省第二次运动会男子高级组跑步比赛。9月，转学通县潞河中学，首次来到北平。"九一八"事变爆发。积极参与抗日宣传，接受学生军训练。12月，参加反日救国讲演及论文竞赛会。《民族的反省》刊于校刊《协和湖》抗日救国专号。《怎样对付不良的教师》刊于《中学生》1931第14期。

1932

2月，赴北平城内开明书店购买《中学生》。读到顾颉刚呼吁"到民间去"的文章，深受教益。5月，参加燕京大学特别入学考试。9月，进入燕大读书。发现魏士毅女士纪念碑及铭文，思想上受到震撼。

1933

2月，洪业《勺园图录考》出版。治学道路受其影响甚大，开启对北京史迹考察的兴趣。上半年，开始在燕京大学附中兼课。9月，选修顾颉刚"中国古代地理沿革史"课程。译作《俄罗斯的一次河上旅行——残留的旧俄农野的一幅写照》刊于《新中华杂志》第1卷第19期。

1934

3月，加入顾颉刚创办的禹贡学会，后参与校订地图底本。5月，开始参加顾颉刚组织的北平史迹考察。暑假，单独赴华北平原旅行，探访大陆泽、巨鹿古城及古战场遗迹。12月，获燕京大学、辅仁大学五千米友谊越野赛第一名。又在北平五大学越野赛中获团体冠军。本年 选修洪业历史研究法课程，完成《最爱藏书的胡应麟事迹考略》，获好评。任燕京大学基督教团契执委会社会服务部部长。书评《读房龙世界地理》刊于11月2日《大公报》。《〈汉书·地理志〉中所释之〈职方〉山川泽寖》刊于《禹贡半月刊》第1卷第5期。译作《黑城探险记》刊于《禹贡半月刊》第1卷第9期。

1935

3月，在燕京大学附中年级周会上发表演讲，纪念"三一八惨案"。9月，选修洪业"高级史学方法"课程，选择清初黄河治理作为毕业论文选题。12月，参加"一二·九"运动。本年，洪绂执教清华大学地学系，意欲转学前往，后听从洪业建议作罢。译作《新疆公路视察记》《蒙古的盟部与旗》等刊于《禹贡半月刊》第3卷。《初中历史教材设计举例——制造一套活动的读史挂图》刊于8月18日《大公报》。《记本年湘鄂赣皖四省水灾》刊于《禹贡半月刊》第4卷第4期。

1936

6月，本科毕业。在顾颉刚的安排下留校做研究生，兼任系主任助理，协助开设"古物古迹调查实习"课程。7月，参加禹贡学会河套水利调查团。10月，赴张家口、宣化等地考察。在北平文化教育界《国民党政府抗日救亡运动宣言》上签字。《靳辅治河始末》（学士毕业论文）刊于《史学年报》第2卷第3期。《读"黑龙江外记"随笔》《燕云十六州考》刊于《禹贡半月刊》第6卷第3、4期合刊。《河北新村访问记》等文刊于《禹贡半月刊》第6卷第5期。

《古文家韩愈之史学》刊于11月27日《大公报》。

1937

4月,参加汴洛考古旅行团。7月,顾颉刚为躲避日寇逮捕而离开北平,转为洪业的研究生。

《陈潢治河》刊于3月5日《大公报》。《海外四经海内四经与大荒四经海内经之比较》刊于《禹贡半月刊》第7卷第6、7期合刊。《基督教与人类的再造》由北平燕京大学基督教团契印行。

1938

春,采纳洪业"择校不如投师,投师要投名师"建议,打算赴英国利物浦大学留学,因欧洲战局影响,未成行。本年,任燕京大学历史学会主席。《明代宣大山西三镇马市考》刊于《燕京学报》第23期。《王鸿绪明史列传残稿——明史刊成二百年纪念》写成,后刊于《燕京学报》第25期。《论"天路历程"》刊于《燕大团契圣诞特刊》。

1939

8月,与张玮瑛结婚。《明史列传稿斠录》刊于《史学年报》第3卷第1期。

1940

5月,参加燕京大学学业奖荣会,入选斐陶斐荣誉学会。6月,完成燕京大学研究院文科研究所历史学部硕士毕业论文《续天下郡国利病书·山东之部》,毕业后留校任助教。兼任学生辅导委员会副主席,协助学生前往解放区或大后方。《故都胜迹辑略》由燕京大学历史系印行。

1941

7月,为燕大暑期学校开设《地学通论》(Principle of

Geography）课程。12 月，"珍珠港事件"后，日寇侵入燕京大学。随后，被捕，在沙滩日本宪兵队本部关押。《续天下郡国利病书·山东之部》作为《燕京学报》专号，由哈佛燕京学社出版。

1942

2 月，因"以心传心，抗日反日"罪名受审，后在日本陆军监狱候审。6 月，被"判处"有期徒刑一年，缓刑三年，取保开释。出狱后，赶天津岳父家。

1943

春，始在私立达仁商学院任教，并进行京津史地研究。本年，父亲侯天成饿死于故乡。《北平金水河考》写成，后刊于《燕京学报》司徒雷登七十寿辰庆祝纪念专号（1946 年）。《沧海桑田》刊于《公教学生》第 3 卷第 4 期。

1944

秋，转赴天津工商学院执教。筹划开办"他山堂"书店。

1945

上半年，执教天津工商学院，兼任女子文学院史地系主任。8 月，日寇战败投降。返回北平，参与燕京大学复校，仍旧负责学生辅导工作。《天津聚落之起源》由天津工商学院印行。

1946

8 月，赴英国利物浦大学留学。10 月，抵英。入学后，师从导师达比，选修"英国历史地理""制图实习"等课。《近代地理学的中心趣味》刊于 8 月 6 日《益世报·史地周刊》创刊号。

1947

5月，开始写作博士论文《北平历史地理》。同时，在利物浦大学地理系讲授 Chinese Historical Geography（中国历史地理）课程。7月，赴瑞典哥德堡、斯德哥尔摩旅行，打算拜访斯文赫定、高本汉、喜仁龙等。本年，兼任天津《益世报》驻英国通讯员、《南洋商报》驻英记者。《悼罗士培教授》刊于3月18日《益世报》。《战时英国地理学界之回顾及其现状》刊于5月27日《益世报》。译作《地理学的理论与实践》刊于3月18日《益世报》。

1948

2月，翻阅坎特伯雷红色教长《占世界六分之一的社会主义》，思想受到触动。7月，出席留英中国学生总会在利物浦大学召开的大会。

1949

5月，博士论文 An historical geography of Peiping（北平历史地理）完稿，通过答辩，获哲学博士学位。春，中国科学工作者协会英国分会成立，以留英中国学生会副主席身份与会。

9月，启程回国，任教于燕京大学历史系。北平市都市计划委员会成立。1950年4月，补入该委员会。10月，参加开国大典。任燕京大学学生生活委员会主席，并在事务委员会、人民助学金委员会兼职。拜访梁思成。下半年，在燕京大学开设"地理学概论"课程。

1950

1月，到清华大学做"北京的地理背景"讲演。4月，赴清华大学地理系地理组做"什么是历史地理"的讲座。上半年，在燕京大学开设"中国历史地理"课程。7月，晋升为燕京大学教授。10月，在清华大学营建系作题为"海淀附近的历史地理"的报告。次月，又到北京市都市计划委员会作同名报告。11月，入住燕南园61号。本年，任清华大学历史系、营建系兼职教授，开设"市镇地理基础"等课程。发表《〈中国沿革地理〉课程商榷》、*Topographical Setting and Geographical Relations of Peking*。

1951

2月，参加首都高校教授华东区土地改革参观团，任副团长。3月，出席中国科学院地理研究所筹委会会议。5月，出席教育部课程改革委员会会议。7月，出席北京市政府文教委员会文物座谈会。12月，中国地理学会北京分会成立，任理事。当选北京市第四届人民代表。

发表《北京海淀附近的地形水道与聚落》。

1952

5月，燕京大学改组校务委员会，任常委。另任历史系主任、工会主席。7月至8月，赴广州岭南大学，推动该校思想改造运动。9月，任北京大学副教务长兼地质地理系主任。1952级自然地理专业本科生入学，为新生讲授北京史第一课，后渐成惯例。

1953

1月，当选中国地理学会（总会）常务理事，兼任《地理学报》总编。3月，任北京大学文娱体育委员会主任、基本建设委员会委员。12月，出席首都古文物建筑处理问题座谈会。

1954

8月，出席北京市一届一次人民代表大会，发言反对拆除北京旧城墙。9月，中国自然科学史研究委员会成立，当选委员。

1955

5月，北京大学春季体育运动大会举行，获职工组3000米长跑冠军。10月，卸任北京大学副教务长。下半年，为自然地理专业四年级开设"地理学史"课程。发表《北京都市发展过程中的水源问题》。

1956

2月，出席中国科学史十二年远景规划会议，与王庸、谭其骧等人共商。2月至8月，配合水利部海河流域水利规划，从事《海河流域历史地理中的几个问题》研究。9月，中国科学院地理研究所学术委员会成立，任委员。国家高等教育部下发教授工资排队名单，定为二级教授。9月至12月，从事《清初资本主义萌芽时期的中国地理学》研究。12月，任北京大学校务委员会委员，兼任自然科学委员会委员。本年，在中国科学院地理研究所招收研究生郑景纯，系指导的首个研究生。

1957

7月，赴南斯拉夫出席"今日的大学"国际讨论会。顺访苏联莫斯科大学地理系。8月，应中国科学院地理研究所之邀主编《中国古代地理名著选读》。赴青岛，与顾颉刚、谭其骧、任美锷等人共商。12月，赴河北保定、满城、河间等地参观农村水利建设。本年，在北京大学招收的首位历史地理专业研究生王北辰入学。发表《历史时期渤海湾西部海岸线的变迁》。

1958

4月，参加十三陵水库建设劳动，讲解十三陵历史地理。5月，参与北京大学历史系汪篯、翦伯赞主持的北京史编纂。6月，受聘为国务院科学规划委员会地方志小组成员。7月，出席国家大地图集编纂委员会成立大会。8月，参加吴晗主持的"中国历史小丛书"编委会。10月，北京大学选举新一届校务委员会，当选校务委员。出席六省区治理沙漠规划会议（第一次全国治沙会议）。12月，出席《科学史十年来贡献》专集编辑会，负责地理学部分。本年，北京十大建筑施工时发现古河道。受北京市副市长万里委托进行研究。进行《明末清初资本主义萌芽时的中国地理学》研究。发表《历史上海河流域的灌溉情况》。

1959

1月，出席中国科学院治沙队工作计划会议，发言《积极参加改造沙漠的伟大事业》。《中国古代地理名著选读（第一辑）》出版。《中国地理学简史》由北京大学地质地理系内部印行。发表《关于古代北京的几个问题》

1960

3月，出席中国地理学会理事会会议，增选为副理事长。5月赴宁夏河东沙区开展沙漠历史地理考察。

1961

夏，赴内蒙古乌兰布和沙漠进行考察。10月，参加《中国历史小丛书》座谈会，并任《地理小丛书》编委会副主编。11月，出席中国地理学会在上海召开的经济地理专业学术讨论会，提交论文《历史地理刍议》。《徐霞客》出版。《沙行小纪》多篇刊于《光明日报》。发表《关于历史地理学的若干问题》。

1962

2月，赴江苏江阴南旸岐村，参观徐霞客墓、故居"晴山堂"等。赴云南省思茅、西双版纳等地考察。4月，出席中国地理学会理事会会议，讨论十年长远学科规划问题。7月，任北京大学副教务长，卸任地质地理系主任。夏，赴内蒙古自治区及陕西榆林考察毛乌素沙地。9月，受聘中国地方志小组成员。本年底，在国务院农林办公室的领导下参与制定沙漠改造利用研究十年考察计划。发表《历史地理学刍议》，出版《中国古代地理学简史》《步芳集》《历史上的北京城》。

1963

1月，出席在上海召开的"杨图"委员会工作会议，名列领导小组。2月，出席国家科委治沙组会议，讨论治沙组的中心问题。3月，出席中国地理学会、商务印书馆召集的外国地理名著编译委员会会议，任主任委员。国家科委综合局局长黄正夏拜访侯仁之，建议成立历史地理研究机构。6月至7月，参加中国科学院治沙队，赴乌兰布和沙漠考察。11月，出席中国地理学会第三次代表大会暨支援农业学术年会，当选理事会副理事长。

1964

2月，出席中国科学院治沙队讨论会，提交论文《乌兰布和（毛乌素沙漠）北部的汉代垦区》。7月至8月，带领北京大学历史地理考察小组，赴毛乌素沙地考察。8月，出席北京科学讨论会，宣读关于中国与东非之间海上交通的论文。10月，出席全国干旱区地理会议，提交论文阐述历史地理学在沙漠考察中的任务。12月，出席全国政协四届一次会议，为特别邀请人士界委员。发表《从人类活动的遗迹探索宁夏河东沙区的变迁》《听毛主席的话，走革命的道路》（后改题名"走上沙漠考察的道路"）、《在所谓新航路的发现以前中国与东非之间的海上交通》。

1965

春夏之交，"北京城东西长安街和前三门之间地下埋藏古河道"课题成果参加全国高校科研成果展览会。万里传达周恩来指示，建议编绘北京历史地图集。8月，出席中国科学院冰川冻土沙漠研究所成立大会。11月，主持的毛乌素沙地调查成果入选高等教育部直属高等学校科学研究和生产展览会。发表《所谓"新航路的发现"的真相》《历史地理学在沙漠考察中的任务》《乌兰布和沙漠北部的汉代垦区》（合作）。

1966

5月"文化大革命"爆发。《北京地下湮废河道复原图说明书》刊于国家科委研究室编辑的《科学研究实验动态》第737号。

1967

春，致信"中央文化革命小组"，要求进行北京城区埋藏古河道研究，未果。

1968

本年，被迫接受"劳动改造"，在北京大学校内"黑帮大院"（"牛棚"）关押。

1969

8月，下放江西鲤鱼洲北京大学试验农场（"五七干校"）劳动。

1970

本年,继续在"五七干校"劳动。

1971

8月,北京大学"五七干校"撤销,返回北京,继续劳动。

1972

7月,在建党纪念日提交开展历史地理学研究的意见书,希望继续西北地区沙漠历史地理研究,未果。10月,赴北京琉璃河遗址考察。

1973

3月起,研究西长安街至宣武门、和平门地区的地下古河道,绘制北京城区古河道分布图。

发表《从红柳河上的古城废墟看毛乌素沙漠的变迁》《乌兰布和沙漠的考古发现和地理环境的变迁》(合作)、《北京旧城平面设计的改造》。翻译《真实的、想象的和抽象的过去时代的世界——历史地理学的三个领域》《史前期的环境、地理学与生态学》。

1974

4月至6月,与经济地理专业师生赴河北邯郸"开门办学",进行城市规划。

1975

1月,出席城乡规划短训班开学典礼,讲授城市建设史上的"儒法斗争"问题。6月至7月,赴河北承德进行城市规划工作。9月,出席国家文物事业管理局在承德召开的北方边疆考古座谈会。《承德市城市发展的特点和它的改造》印行。

1976

4月,中国科学院自然科学史研究所召开《中国古代建筑技术史》协作讨论会。其中,"元大都的建设工程""明清两代北京城的建设"由侯仁之承担。4月至10月,与经济地理(城市规划)专业师生赴山东淄博进行城市规划。发表《风沙威胁不可怕 "榆林三迁"是谣传——从考古发现论证陕北榆林城的起源和地区开发》(合作)。《淄博市主要城镇的起源和发展》印行。

1977

4月,应圆明园管理处邀请,参观遗址现状,参加遗址保护专题座谈会。发表《天安门广场礼赞——从宫廷广场到人民广场的演变和改造》(合作)。

1978

2月,作为无党派爱国人士界别委员,出席全国政协五届一次会议。3月,出席全国科学大会。5月,出席庆祝北京大学建校八十周年五四科学讨论会,作题为"开展历史地理学研究的意见"的报告。6月至8月,参加中国科学院沙漠研究综合考察队,考察古居延城及阳关故址等。8月,与经济地理专业师生(包括新招收的历史地理研究生)赴安徽芜湖参加城市总体规划工作。中国建筑学会城市规划学术委员会成立,当选学术委员会副主任委员。

11月,北京大学校工会第十次代表大会召开,当选副主席。本年,北京大学地质地理系分成地理、地质二系。地理系经济地理教研室下辖历史地理研究小组。

1979

1月,被任命为北京大学地理系主任。4月,北京大学校学术委员会成立,任生化地分会副主任。6月 出席在西安召开的中国地理学会历史地理学术会议,以中国地理学会副理事长身份致辞并作报告,当选历史地理专业委员会主任。11月,出席海淀区地名普查工作会议,作报告"海淀区附近地区的开发过程与地名演变"。12月,出席"三北"防护林体系建设学术讨论会,作报告"我国西北风沙区的历史地理管窥"。出席在广州召开的中国地理学会第四届代表大会,当选副理事长。中共北京大学校党委同意侯仁之加入中国共产党。出版论文集《历史地理学的理论与实践》,发表《城市历史地理的研究与城市规划》《历史地理学的理论与实践》《洪堡评传》《元大都城与明清北京城》。

1980

3月 赴加拿大大不列颠哥伦比亚大学讲学。期间,访问匹兹堡大学,代表北京大学校方赠送北京城墙古城砖。在美期间,赴波士顿拜谒洪业。7月,主持《北京市历史地图集》编辑组第一次工作会议。8月,出席"纪念圆明园罹劫一百二十周年学术讨论会"。9月,导师达比及艾伦·贝克在参加完第24届国际地理学大会后顺访中国,在北京与侯仁之会面。中国地理学会沙漠分会成立大会在宁夏银川召开。当选名誉理事长。10月,出席国家基本建设委员会召开的全国城市规划工作会议。提出对北京老城的历史文化遗产要批判式继承。12月,参加中国教育代表团,赴美出席美国社会科学学会(NCSS)成立60周年大会。《历史地理》集刊创刊。侯仁之撰写创刊词,并撰写《回忆与希望》。出版《北京史话》,发表《从天安门广场看北京旧城的改造》《城市规划应该体现社会主义的时代精神》。

1981

2月至5月,赴加拿大维多利亚大学和多伦多大学、哥伦比亚大学讲学。期间，赴美国约翰斯·霍普金斯大学访问，并赴波士顿参加洪业追悼会。3月，增选后的中国科学院学部委员名单公布，当选地学部委员。国务院学位委员会第二次会议通过学科评议组成员名单，当选理学评议组成员。出席北京市文物古迹保护管理委员会第一次会议，当选主任委员。7月，中国地方史志协会成立大会在山西太原召开，受聘为学术顾问。9月，联合国环境规划署第二次沙漠化防治讲习班在兰州举办，主讲《从中国沙漠地区的古城来看历史时期沙漠的变化》。11月，国务院公布首批博士学位授予单位及其学科、专业和指导教师名单。名列导师之中，专业为历史地理学与地理学史。11月至次年2月，赴美国伊利诺伊大学讲学。12月，中国建筑学会城市规划分会第三届委员会成立，任名誉委员。12月，与郑孝燮、单士元等人建议制定历史文化名城保护制度。次年2月，国务院公布首批历史文化名城。本年，北京大学地理系经济地理教研室的"历史地理小组"独立成为"历史地理教研室"。

《步芳集》再版，发表《敦煌县南湖绿洲沙漠化蠡测——河西走廊祁连山北麓绿洲的个案调查之一》《我国西北风沙区的历史地理管窥》。

1982

3月，致信北京大学校领导，请辞地理系主任。年底，请辞获批。4月，教育部批准北京大学学位评定委员会人员名单，任校学位评定委员会及地理学分委员会委员。7月，中国城市规划设计研究院成立，任高级技术顾问。9月，出席在复旦大学召开的中国历史地理国际学术会议，作报告《近年来我国历史地理学发展的主要趋势》。11月，出席中国地理学会地理科普积极分子代表大会。12月，出席国家大历史地图集编委会第一次会议，任编委会副主任。

出席第一届地学史学术讨论会,建议修订《中国地理学史》,续编《中国古代地理名著选读》。发表《纪念作为时代先驱的地理学家徐霞客》《北京城:历史发展的特点及其改造》《寇·哈瑞斯教授谈近30年来西方历史地理学的发展》。

1983

1月,中国地方志指导小组工作恢复活动,为小组成员。4月,出席在洛阳召开的中国地方志规划会议并发言。2月,北京大学校园建设规划委员会名单公布,为委员。5月,北京环境变迁研究会成立,任主任委员。6月,出席在合肥召开的《中国地理丛书》编写出版工作会议,任编委会主任。8月,陪同国务院副总理万里视察陕西安康灾区。途中,万里做出了"办好北京大学地理系",加强历史地理研究的指示。主持承德避暑山庄建庄280周年学术讨论会。9月,出席中国古都学会成立大会暨首次古都学术讨论会,当选名誉会长。12月,受聘为北京市人民政府城市规划顾问组顾问。发表《论北京旧城的改造》《近年来我国历史地理学发展的主要趋势》《继承和发扬我国古代地理著作中的爱国主义精神》。

1984

1月,为落实万里副总理指示,北京大学校方同意将地理系历史地理教研室改为研究室。中国城市科学研究会成立,当选研究会顾问。应路斯基金会邀请赴美考察城市规划,在康奈尔大学进行北京与华盛顿城市设计主题思想比较研究。5月,燕京大学北京校友会成立,任副会长。7月,赴英国伦敦、利物浦、剑桥等地访问。接受利物浦大学荣誉科学博士学位,与达比、艾伦·贝克及李约瑟等人会面。出版《环境变迁研究》第一辑(主编),发表《北市旧城城市设计的改造——新中国文化建设的一个具体说明》。

Geography in China（《中国地理学》英文版）出版，撰写历史地理部分。

1985

全国政协六届三次会议召开。与郑孝燮、罗哲文、阳含熙联名提交《第六届全国政协第三次会议提案（第663号）》，建议我国尽快加入联合国教科文组织世界遗产公约。4月，中国地理学会第五届理事会暨表彰从事地理工作五十年老专家大会在京举行，受聘为名誉理事。10月，考察北京平谷上宅遗址发掘现场和长城将军关段。11月，再次考察上宅遗址。获颁中国科学院"从事科学工作五十年荣誉奖状"。Ancient city ruins in the deserts of the Inner Mongolia Autonomous Region of China 刊于 Journal of Historical Geography。《维修长城赞》《万里长城》刊于《文物》。

1986

5月，主持的"历史地理学的理论及其应用"项目获得北京大学首届科研成果奖（理科）荣誉奖。7月，与胡子昂、钱昌照、周培源等人在《光明日报》联名倡议"将黄山市辟为中国的世界公园，进行重点建设"。10月，考察黄山。8月，赴西班牙巴塞罗那大学，被聘为国际地理联合会（IGU）及科学史与科学哲学联盟（IUHPS）所属地理学思想史专业工作委员会常任委员。发表《试论北京城市规划建设的两个基本原则》。

1987

5月，致信北京市领导，建议应尽早考虑北京建城之始的年代问题。10月，赴美出席国际古迹遗址理事会（ICOMOS）第8届全体大会暨"新世界中的古老文化（Old Cultures in New Worlds）"国际研讨会，发言 The Ancient Great Wall in a New

Era。中国科协等单位在江苏无锡召开纪念徐霞客诞辰400周年会议。为重修徐霞客故居照壁题词。发表《从北京到华盛顿——城市设计主题思想试探》。

1988

3月，当选全国政协第七届全国委员会教育界委员。10月，出席中国科学院地学部学部委员大会。本年，《试论北京城市规划建设的两个基本原则》获得国家教育委员会1988年科学技术进步二等奖。发表《历史地理学概述》，《北京历史地图集》（第一集）、《燕园史话》出版。

1989

1月，《北京历史地图集》第二集编委会成立，侯仁之任主编。5月，主持"历史文化名城和现代化建设"国际学术讨论会，并致开幕词。在《保护人类文化遗产，立即停建八达岭长城索道》呼吁书上签名。出席在北京平谷举行的上宅遗址综合研究汇报会。8月，出席历史城市的保护与现代化发展国际学术讨论会（PMOHC），并任大会主席。10月，在全国政协委员视察北京后的座谈会上公布北京建城时间。11月，获颁"中国科学院荣誉章"。人文地理学学科（联合历史地理学）入选高等学校重点学科，为主要学科带头人。

发表《师承小记——忆我师顾颉刚教授》。写成《在弘扬中华文化的道路上》《在教书育人的道路上》《登高自卑，行远自迩》《从日寇监狱到人间炼狱》四文，怀念恩师洪业。写成《一次意外的收获——忆邓文如师》。以上诸文，均收入《侯仁之燕园问学集》。

1990

北京市科委组织《北京历史地图集》（一集）鉴定会，陈述彭、吴良镛、许大龄等人参加评审。7月，带领北京大学历史地理专业师生前往河北承德、围场等地考察。出席第三届世界沙漠开发大会。9月，参加全国政协组织的甘肃省三北防护林视察团。10月，出席在河北秦皇岛召开的首届中国长城学术研讨会。12月，北京市政府常务会议讨论金中都水关遗址保护问题，侯仁之作为特邀专家与会。12月，出席卢沟桥修复工程竣工验收仪式。发表《论北京建城之始》《从北京城市规划设计的历史经验看首都的两个文明建设》。《中国大百科全书·地理学卷》出版，任该卷编委会委员，并撰写"历史地理学"词条。

1991

4月，《北京历史地图集》（一集）获1990年度北京市科学技术进步一等奖。5月，在清华大学建筑学院作题为"北京城市建设的古往今来"的学术报告，提出"北京城市规划建设中的三个里程碑"。7月至8月，与钱学森书信往来，探讨地理学（历史地理学）理论问题。8月，出席在荷兰乌特勒支召开的国际地理联合会（IGU）地理学思想史专业工作委员会会议。访问莱顿、海牙等地，而后飞赴美国。10月，应美国南海艺术中心之邀，作有关北京城及塞外新发现的学术报告。在匹兹堡大学作题为 City Planning in Beijing 的学术报告。访问康奈尔大学。《侯仁之燕园问学集》出版。

1992

3月，赴前门地下通道施工工地考察明代正阳桥镇水神兽。5月，北京大学校长办公会议决定，在城市与环境系历史地理研究室的基础上设立北京大学历史地理研究中心。7月，考察居庸关、八达岭，发表对居庸关修复工程、新建长城博物馆的看法。8月，赴美出席第27届国际地理联合会（IGU）地理学思想史专业委员会会议，顺访加拿大多伦多大学及美国的达特茅斯学院、加利福尼亚大学洛杉矶分校等校。10月，主持申请的"八五"国家社会科学基金重点项目《中国历史地理学研究》立项。12月，出席建设部主持的《北京城市总体规划（草案）》评审会并发言。发表《再论历史地理学的理论与实践》。撰写《对"保护历史文化名城与城市现代化建设"问题的参考意见》，收入北京市人民政府专家顾问团办公室编《顾问建议》。

1993

1月，北京西站工程开工，此前，侯仁之就西站选址发表意见，主张保留莲花池。燕京研究院成立，任院长。出席中国徐霞客研究会成立大会，当选为名誉会长兼学术委员会主任。11月，"侯仁之历史地理与文化地理学术基金"成立。12月，出席金中都建城840年纪念会，并作报告"金中都——北京城市建设史上继往开来的里程碑"。本年、最后一次在北京大学开设全校选修课"北京历史地理"。发表《北京紫禁城在规划设计上的继承与发展》《记米万钟〈勺园修禊图〉》《历史地理学研究中的认识问题》。

1994

2月，出席新《燕京学报》编委会第一次会议，与周一良任主编。3月，作为燕京大学校友会代表，连同雷洁琼、张定等人，与时任北京大学校领导商讨"原燕京大学未名湖区"文物标识问题。为文物保护碑撰写说明。夏，出席北京考古学会成立大会，当选名誉副理事长。11月，出席在人民大会堂举行的《黄河文化》首发式暨专题研讨会。到北京西站工地施工现场，考察莲花池保护情况。《黄河文化》（主编）、《历史地理学四论》出版。发表《北京城市发展中的三个里程碑》。

1995

1月，中央电视台《东方时空·东方之子》栏目采访侯仁之。7月，出席中国科学院"院士在反法西斯战争中"座谈会并发言。8月，出席北京建城3040年暨燕文明国际学术研讨会。9月，与北京市副市长何鲁丽为宣武区《北京建城记》石碑揭幕。12月，《北京历史地图集》被国家教育委员会评为全国高等学校首届人文社会科学研究优秀成果奖一等奖。《奋蹄集》出版。

1996

5月至6月 赴美出席在克莱蒙特·麦肯纳学院举办的"燕京大学的经验与中国的高等教育"国际讨论会，发言"我从燕京大学来"。其间，祭扫恩师洪业及师母墓。7月，北京大学历史地理研究中心举办国际中国历史地理学研讨会，侯仁之致开幕辞。秋，赴美国波士顿哈佛燕京学社，为《燕京学报》出版寻求资助。9月，考察北京站附近明城墙遗址。12月，北京市科协、北京大学和中国科学院地理研究所联合举行侯仁之从教六十周年暨学术思想研讨会，祝贺侯仁之85岁华诞。

1997

4月，与贾兰坡、刘东生等人考察王府井东方广场古人类活动遗址，建议就地建设博物馆。8月，与吴良镛、罗哲文等人联名呼吁对故宫及筒子河进行彻底整治。本年，题写"未名湖"石碑。次年，北京大学百年校庆，石碑立于湖岸，成为标志性景观。《北京历史地图集》（二集）、《北京城的起源与变迁》（与邓辉合著）出版。发表《试论元大都城的规划设计》。

1998

4月，为北京市委市政府中心组学习会作"从莲花池到后门桥"专题报告。5月，与吴良镛、舒乙、罗哲文、郑孝燮、梁从诫等人联名呼吁保护美术馆后街22号四合院（赵紫宸、赵萝蕤故居）。6月，出席北京联合大学北京学研究所成立大会，题词"立足北京，研究北京，服务北京"。12月，国内首家世界遗产研究中心在北京大学成立，任顾问。《侯仁之文集》出版。

1999

5月，受聘为中国第四纪研究委员会名誉委员。9月，海淀区万泉文化公园建成，题写园名"畅春新园"。10月，获颁何梁何利基金（第六届）科学与技术成就奖。11月，获颁美国地理学会乔治·戴维森勋章（George Davidson medal）。

2000

8月，联名呼吁停止泰山中天门至岱顶的索道违规扩建工程。11月，为台湾沈祖海建筑文教基金来京学者作学术报告。12月，出席什刹海后门桥修复竣工仪式，建议桥名改回万宁桥。《北京城市历史地理》（主编）出版。

2001

6月，到成府蒋家胡同顾颉刚故居及禹贡学会旧址察看。不久，胡同被整体拆除。10月，考察什刹海金锭桥、万宁桥等地。获颁美国国家地理学会2001年度研究与探险委员会主席奖。12月，庆贺侯仁之先生九十华诞暨从教六十五周年活动举行。北京大学图书馆举办侯仁之学术成果展。出席第一届海峡两岸"大学的校园"学术研讨会,作报告"北京大学校园本部在规划建设上的继往开来"。出席莲花池公园开园仪式。《侯仁之学术文化随笔》(王毓蔺编)、《晚晴集:侯仁之九十年代自选集》出版。

2002

3月,出席《北京历史文化名城保护规划》专家论证会。4月,参加燕京大学返校节活动,当选燕京大学北京校友会名誉会长。5月,考察金中都城鱼藻池遗址。9月,联署《紧急呼吁——北京历史文化名城保护告急》。

2003

7月,与北京大学历史地理专业学生考察北京植物园、梁启超墓。《侯仁之讲北京》(尹钧科选编)、《侯仁之师九十寿辰纪念文集》(北京大学历史地理研究中心编)出版。

2004

1月,北京市文物局制定圆明园遗址保护专家指导委员会名单,侯仁之任主任委员。4月,被推举为北京市什刹海研究会理事会名誉会长。5月,中国地理学会第九次全国会员代表大会暨中国地理学会成立95周年庆祝大会召开。侯仁之受聘为名誉理事长,获颁第一届"中国地理科学成就奖"。

2005

12月,中国保护世界遗产走过20年纪念座谈会召开。获颁全国人民政治协商会议会徽铜盘。陈光中《侯仁之》出版。

2006

6月,北京大学图书馆接收侯仁之夫妇捐赠图书。在《圆明园散落文物回归圆明园遗址倡议书》上签名。9月，在中国城市规划年会暨中国城市规划学会成立50周年庆典上获颁学会最高奖励"突出贡献奖"。12月，北京大学历史地理研究中心主办"侯仁之先生九十五华诞暨从教七十年庆贺会"。获颁北京大学最高教师荣誉"蔡元培奖"。发表《北京大学燕园校区在规划上继往开来》。《中国北方干旱半干旱地区历史时期环境变迁研究文集》（与邓辉合编）、《有情君未老：侯仁之九十五华诞影集》（北京大学历史地理研究中心编）出版。

2007

5月，凤凰卫视播出《生命的光芒——桑榆晚晴》侯仁之专题片。

2008

10月，受聘为北京郑和与海洋文化研究会名誉理事长。《北京宣南历史地图集》（与岳升阳主编）、《回眸侯仁之》（郝斌等编辑，林光美主编）出版。

2009

3月，《中国国家地理》与中国地理学会联合评选百年中国地理大发现。"侯仁之系统揭示北京城形成、发展的全过程"入选30项"中国地理百年大发现"。此外，"20世纪60—80年代侯仁之发现了中国北方农牧交错带沙漠化的发展过程"获提名。6月，获颁"中国文物、博物馆事业杰出人物"荣誉证书和奖状。8月，侯仁之、张玮瑛结婚七十周年庆祝仪式在北京大学临湖轩举行。10月，获颁"保护圆明园遗址杰出贡献奖"。侯仁之文集《北京城的生命印记》《历史地理学的视野》《我从燕京大学来》出版。

2010

6月，被中国科协"老科学家学术成长资料采集工程"确定为首批采集对象。12月，侯仁之百岁寿辰庆祝会在北京大学图书馆北配殿举行。《历史地理研究：侯仁之自选集》《侯仁之谈北京》出版。

2011

12月，侯仁之百岁寿辰生平和著作展暨生日纪念会在北京大学图书馆举办。中共中央政治局委员、国务委员刘延东致信祝贺侯仁之百岁寿辰。《大师导读：北京——古城的兴衰荣辱史》《侯仁之与北京地图》（岳升阳主编）、《走近侯仁之：恭贺侯仁之先生百岁寿辰》（北京大学历史地理研究中心编辑）社出版。《千手拂云千眼观虹——季羡林、钱学森、杨绛、侯仁之、陈省身、黄万里的人生比较》（卞毓方著）出版。

2012

12月，北京大学图书馆北大文库接收侯仁之赠书。此前，图书馆已建设"仁之玮瑛藏书"特色数据库。侯馥兴《从塘头厦到燕南园：我的母亲张玮瑛》、高明勇《北京城的守望者：侯仁之传》出版。

2013

10月22日，侯仁之在北京友谊医院病逝，享年102岁。北京大学在百周年纪念讲堂开设灵堂，接受吊唁。28日，遗体在八宝山殡仪馆火化。《师道师说（侯仁之卷）》（侯馥兴选编）、三卷本《北京历史地图集》《北平历史地理》出版。

参考文献

1. 北京大学历史地理研究中心. 走近侯仁之[M]. 北京：学苑出版社，2001.
2. 北京大学历史地理研究中心. 有情君未老：侯仁之九十五华诞影集[M]. 北京：北京大学出版社，2006.
3. 陈光中. 走读侯仁之[M]. 北京：当代中国出版社，2017.
4. 丁超. 侯仁之学谱[M]. 北京：北京出版集团公司 文津出版社，2019.
5. 侯馥兴，唐晓峰. 侯仁之手稿笔记：留英期间手稿笔记[M]. 北京：北京出版集团公司 文津出版社，2020.
6. 侯馥兴，唐晓峰. 侯仁之手稿笔记：燕京大学期间手稿笔记[M]. 北京：北京出版集团公司 文津出版社，2023.

后　记

本书为北京大学人文社会科学研究院与北京大学出版社推出的"大先生画传"系列之一。之所以称为"画传"，就是要以大量图片的形式，展现那一代先生们的学术经历。

关于侯仁之先生，多年前便有传记、照片集、学谱、档案集等书陆续出版，这次编辑画传，自然可以借助前书，节省很多力气。不过，为了体现本书的新意，我们尽可能增加了一些未曾面世的学术档案图片。此外，在简要的文字叙述中，也尽量讲述一些新近了解的事情，包括一些细节。

需要说明的是，本书主要以学术历程为人生主线，其他方面较少涉及。例如，侯仁之先生出身于基督教家庭，基督教文化或基督教思想意识，曾深深影响了青少年时代的侯仁之。后来，在社会实际生活中，侯仁之逐渐感到基督教思想在"人类再造"中的有限性，而开始脱离基督教的思想范畴，逐步接受唯物主义。这是侯仁之人生中的重大事件。但限于体例，本书对这类有关思想转变的内容，

后记

基本从略。

本书中的图片，大多为侯馥兴提供，也有一些是其他人提供的。凡其他人提供的图片，都一一注明。文字部分由唐晓峰、丁超执笔。

编著者

2024 年 10 月